AF251840

SABIDURÍA ESPIRITUAL

LA FELICIDAD ES UNA ELECCIÓN

RAIMON SAMSÓ

EDICIONES
INSTITUTO EXPERTOS

1ª edición: junio 2021

Foto autor contracubierta: Berta Pahissa

Foto autor interior: Cristina Gabarró

Corrección contenido: Mónica Alarcón

Diseño cubierta: Ryan Lause

Ilustraciones interiores: pixabay.

Ediciones Instituto Expertos ®

C/ Príncipe de Vergara 109 2º2º. Madrid 28002, España.

ISBN (versión de papel): 9798505752692 tapa blanda

ÍNDICE

La transformación es superior a la información. Escribo y publico libros que transforman vidas.

No me conformo con libros que informen en lo que se olvidará - en su mayor parte - a los pocos días. Pretendo la transformación del lector que, al convertirse en lo aprendido, nunca olvidará lo leído.

No porque lo recuerde, sino porque lo es.

Raimon

Dedicado a las personas

que han elegido despertar

del gran engaño

que retiene la evolución de la humanidad.

INTRODUCCIÓN

De los innumerables textos budistas que he leído durante mi vida, recuerdo una definición de sabiduría. ¿Qué es la sabiduría? Según los discípulos de Buda es el completo entendimiento de cuatro nobles verdades. A saber: qué es el sufrimiento, cuál es su causa, cuál es su significado, y cuál es el camino que lleva a su cesación completa.

De este sencillo aforismo espiritual aprendí que en lugar de trata de alcanzar la felicidad, más nos convendría esforzarnos en cesar las causas del sufrimiento. Las personas son infelices, no porque no sepan cómo ser felices, sino porque son expertas en crearse toda clase de sufrimientos.

Con esta certeza, investigué en mi vida y busqué todas las causas de dolor emocional. Eran muchas y muy parecidas (ausencia de Amor). Después las borré, una a una, con la *goma de borrar* del Amor. Al final de un largo proceso de *deshacimiento*, me hallé de frente con la paz interior y de ahí a la felicidad en un paso. Este es el mensaje de la presente obra: la felicidad es la ausencia de sufrimiento.

Tanto el sufrimiento como la felicidad son dos sensaciones que forman parte de la mente. Parecen dos efectos cuando son dos elecciones. Sospechamos que sus causas se hallan allá afuera. Pensamos que las situaciones que experimentamos son sus causas. Pero es hora de entender que elegimos cómo vamos a sentirnos según lo que experimentamos.

La inteligencia de la mente puede confundirnos pero la sabiduría del corazón nunca va a decepcionarnos. Ya se ha escrito sobre la *inteligencia espiritual* pero creo que es más profundo adentrarse en la *sabiduría espiritual*. La mente puede engañarnos pero el corazón sabe la verdad. Y sabe sin saber cómo y sin necesitar razones.

La sabiduría es lo opuesto a la ignorancia, la cual es el origen de todos nuestros problemas y sufrimientos. No pretendo que seas un «sabio», no, es mucho más sencillo. Tu corazón ya es sabio ahora y bastará con que elijas seguir su camino de sabiduría esencial.

Las personas dejarán de sufrir cuando integren la dimensión espiritual en su vida, es decir, disuelvan su ignorancia espiritual. Con ello no tendrán una vida perfecta pero sí feliz.

La conclusión a la que he llegado es que el cambio (impermanencia), deseado o no, es inevitable en el mundo de las cosas; pero el sufrimiento, que es subjetivo, es una elección. Provisto con esta esta certeza, he avanzado como un estoico a través de los niveles de conciencia que conducen a lograr la sabiduría espiritual.

Si me preguntas cual es el propósito de la vida te diré que es aspirar al conocimiento esencial, la sabiduría espiritual o sabiduría del corazón.

Querido lector, si has sufrido en el pasado como yo, este libro te ayudará a mitigar el sufrimiento futuro. Y aunque no pueda proporcionarte una vida sin problemas, te entregará la sabiduría espiritual. Este libro está escrito para ti, quienquiera que seas, cualquiera que sean tus creencias, dondequiera que estés. Es un curso completo y un método para ser feliz, listo para que puedas empezar a usarlo ahora.

Esta obra contiene conceptos que habrás leído en otros de mis libros o escuchado en algunas de mis conferencias, cursos o videos. La razón de reunirlos en este volumen fue mi necesidad de seleccionar las ideas más inspiradoras para resumirlas, simplificarlas y agruparlas en un mismo libro, como una serie de apuntes de vida que valga la pena compartir con nuestros seres queridos. Y con ello obtener una gran satisfacción al regalar ejemplares a hijos, amigos, y familiares.

Este libro es un reto y una provocación. Su intención es meterte en dificultades para acelerar el cambio que buscas. Lo bueno de estar en aprietos es que, como dicen los psicólogos, genera la sobrecompensación que conduce a resultados mayores de los que se lograrían en circunstancias normales. Y esto sucede porque las dificultades nos hacen crecer y superarnos; incluso revelan muchas de nuestras capacidades antes inexploradas.

Así nació esta obra. Tras escuchar algunas de mis conferencias y vídeos, pensé que sería útil poner lo más importante en negro sobre blanco, en resumen, sobre el papel. Su objetivo es elevar la conciencia de sus lectores. Por tanto, si ya escuchaste mis explicaciones, repásalas ahora leyendo este libro.

Un alumno avanzado no busca tanto saber nuevas cosas sino saber bien las que sabe. Ganar en profundidad es mejor que tratar de abarcar más superficialmente.

Un sabio espiritual sabe muy pocas cosas, pero las sabe muy bien.

Tal vez conozcas bastante de lo que he escrito en esta obra. Pero permítete recordarlo de nuevo; porque sé muy bien que, en el desarrollo personal, lo que no se tiene a mano, y se aplica cada día, se olvida pronto. Repasar es aprender, recordar es reprogramar la mente.

La base del aprendizaje es la repetición.

Los místicos budistas del Tíbet han repetido los mismos mantras y palabras de poder por cientos de años, una y otra vez, sin que ninguno dijese que *ya lo sabía*. La humildad es sabiduría, el orgullo es ignorancia (desconocer la razón de las cosas). Somos eternos aprendices creando experiencias que suponen una prueba de evaluación.

Si no conoces mi obra y llegaste hace poco a la disciplina del autoconocimiento, te doy la bienvenida. Aquí encontrarás conceptos en los que iniciarte y avanzar. Que este libro sea un peldaño más en la ascensión de tu conciencia. Tan solo pretende ser un comienzo. No puede darte todo lo que buscas, aunque es un paso que te conducirá al siguiente.

Si después deseas profundizar, te propongo otras lecturas recomendadas al final del libro. Te pido por favor que leas también a otros autores. Libérame así de la responsabilidad de ser tu único mentor espiritual pues yo no sé todo.

Namasté.

Raimon Samsó, autor www.raimonsamso.com

TRES NIVELES DE CONCIENCIA

Conozco tres niveles básicos de conciencia, y aunque no deja de ser una abstracción, sirve para aclararse.

En el primer nivel de conciencia, eres una víctima, nada depende de ti. Tienes buena o mala suerte. Siempre estás a la defensiva, en pie de guerra, luchando para defenderte de todos aquellos que puedan sacar ventaja de ti. El mundo es una selva y el sufrimiento es la ley.

En el segundo nivel de conciencia, válido para una mínima parte de la humanidad (tal vez un veinte por ciento como mucho), existe la autoresponsabilidad. Aquí las personas entienden que mejorar su vida depende de ellas (examinan sus creencias, comportamientos, hábitos, paradigmas...). Saben que pueden conseguir objetivos por sí mismas y que solo dependen de ellas. Es la vía del autocoaching o la superación personal. Una vida de lucha y trabajo duro.

Y en el tercer nivel de conciencia, todo fluye como un arroyo. Te entregas al devenir con humildad porque en la templanza las cosas suceden sin resistencia. No se han rendido ante ellas, las has conquistado que es muy diferente. Vives en conexión con la providencia que fluye a través de tu interior. Sientes inspiración por la grandeza de tu Ser.

Desde esta cosmovisión, se accede a la metainteligencia que mantiene el universo en marcha, al poder personal, a la potencialidad pura, a la inspiración, y mucho más... Es aquí en donde tomas tus mejores decisiones y activas las sincronicidades, que son hechos aparentemente casuales, pero con significado y sentido. No puedo describir la sensación de confianza y certeza de saberse guiado y apoyado por el Amor más grande que puedas imaginar.

De las tres opciones, intuyo que la tercera opción te parece la más atractiva. Todos dirán: «Yo me apunto al tercer nivel de conciencia». Sin duda, pero para llegar a este nivel de conciencia tienes que pasar por el llanto del primero, por el sudor del segundo y llegar finalmente a la paz del tercero.

El estado de Gracia es el nivel de conciencia en el cual tú consigues todo sin que tengas que hacer mucho. Ya sé que suena increíble, pero si puedes imaginarlo puedes crearlo. Si estás pensando en «¿cómo?», te diré que no necesitas un «cómo hacerlo» sino un «quién ser» para lograrlo. El precio del estado de Gracia es deshacerte de tu ego y dar paso a tu Yo Soy (identidad real). Pero créeme, no es un precio que todo el mundo esté dispuesto a pagar (disolver tu identidad para descubrir tu Identidad). La personas están demasiado apegadas y «enamoradas» de quien creen ser.

Tu mente y tu estado emocional están cambiando continuamente, así que no parece una buena idea confiar a esas dimensiones tu deseo de felicidad duradera. Prueba en el ámbito espiritual, donde ni el cambio ni el tiempo existen. Tal vez ahí se encuentre esa paz y felicidad duradera...

La felicidad es una elección consciente. Si no puedes creerlo es porque piensas que todo tiene un precio elevado en sacrificio y esfuerzo, crees en algo a costa de algo más... Y por supuesto, ha de provenir del mundo. Lo que buscas no es a costa de nada real, es a costa de tus ilusiones irreales. Tu mayor bien es a cambio de nada.

La verdad te hará libre. Lo que te ata y te mantiene allí, son tus propias mentiras. Perseguir la verdad será inútil mientras conserves las cadenas ilusorias de la mente. Es precisamente deshaciéndote de lo falso como te encontrarás, de repente, ante la verdad. Basta con retirar tu fe en la falsedad. Si tu verdad tiene que luchar contra falsedades, entonces me temo que es tan ilusoria como ellas. La verdad no tiene opuestos, y es por esa razón que no lucha para imponerse.

Comprende que tu dificultad en hallar la verdad se debe únicamente al apego a lo falso. Si te preguntas cómo discernir lo verdadero de lo falso, te diré que sometas cualquier concepto a la prueba del tiempo y del cambio. Si algo está sometido a cambio, no es real; si necesita un antes y un después, tampoco es real.

Respecto a los demás, mantente siempre abierto a su potencialidad, confía en su Yo interno, no les taches de imposibles... esta es la mejor forma de ayudarles. En algún momento conectarán con su sabio espiritual.

La felicidad que buscas no está en el mundo sino en un nivel de conciencia más elevado.

TRES NIVELES DE GRATITUD

Conozco tres niveles básicos de gratitud, aunque cuando es completa no precisa medidas o graduación.

Primero, quien no agradece nunca nada, por muy deseable que sea lo que le acontezca. Exige todo pues cree que por derecho merece todos sus caprichos sin más discusión. Y gratis.

Segundo, quien agradece cuando consigue algo deseable; lo cual, al menos es una parte y algo es algo. Aquí se agradece de vez en cuando, aunque sea solo cuando sucede algo bueno.

Tercero, quien agradece de modo infundado (da gracias siempre y por nada). Simplemente agradece en piloto automático, cada día. ¿Por qué? Por nada. Este nivel de gratitud exige entrar en un estado de Gracia. Y cuando se está en estado de Gracia, las cosas buenas y deseadas simplemente ocurren de forma sencilla.

En la tradición Huna de Hawái, se dice que bendecir al que disfruta de lo que uno anhela, consigue atraerlo. Su receta secreta consiste en agradecer el logro ajeno. ¿Por qué? Simple, para ser el siguiente en obtenerlo. Saben que la envidia es la autonegación (es el: «como no lo tengo no quiero que nadie lo tenga». Y se empieza por los envidiosos).

Por eso es tan importante agradecer, incluso sin razón. O agradecer de forma *infundada*. Agradecer porque sí. Ya que ese estado de conciencia es la condición para alcanzar el estado de Gracia, donde todo es posible de la forma más sencilla. «Gracias» es la contraseña de acceso. Cuando agradeces, entregas tus pasos en el mundo, al Amor. Y el Amor te guía.

Cuando entregas tus deseos al Amor, obtienes la paz interior duradera. Reconoces que no sabes qué es lo mejor para ti. Y aunque creíste saberlo, eso no mejoró tu vida ni tus resultados. Más ahora que te entregas a la guía del Amor, te sientas plácidamente en el asiento del copiloto sabiendo que estás en buenas manos.

Entregar los deseos al Amor es sabiduría espiritual, luchar por ellos desde el temor es ignorancia espiritual. No pienses que tener deseos es reprobable, yo mismo tengo alguno, pero ya no necesito que ocurra nada. Sé perfectamente quién me lleva en brazos, me basta examinar mi pasado para darme cuenta de la perfección de cada éxito y de cada fracaso. En todos esos momentos la sabiduría del Amor me ha apoyado. Siempre que entregué mis asuntos al Amor, pude ver cómo se activó el poder de lo creativo en mi favor.

Entrega tus deseos, todos, libérate de la necesidad estresante de conseguirlos para poder alcanzar lo que más desea tu alma: la paz interior (el metaobjetivo de cualquier deseo). No tener apego a ningún objetivo, absolutamente ninguno, es el último objetivo, el paso previo al «logro del no logro» o «el éxito de no necesitar el éxito». Lo bueno de no tener nada que ganar es que tampoco tienes nada que perder. Y en cualquier caso, desde la sabiduría espiritual, es más importante cómo se logra algo que si se logra o no.

Éxito es la conexión interior con la sabiduría absoluta. El verdadero triunfo consiste en ser amable, suave y bondadoso. Y eso significa abrirse a la compasión, llevar felicidad a los demás para ser feliz.

Cuando no tienes objetivos, porque no sabes realmente qué es lo mejor para ti, el Amor se pone al mando, entras en estado de Gracia y te abres a la perfección o a tu mayor bien.

No creo en propósitos de vida tales como alcanzar la «iluminación», «perfección» o «nirvana». Todo eso no es más que construir otro yo más místico, pero igualmente irreal. No hay nada que alcanzar ni nadie en quién convertirse. Lo cual solo reforzaría la identidad de un ego ilusorio. Basta con despertar y mantenerse despierto en la *Matrix* diseñada para controlarnos, adherido a la verdad interior del Yo Superior y alejado del yo inferior o ego. Creo en la dignidad como valor sagrado, pase lo que pase, sin comportarse como un animalito asustado.

Y utilizo expresiones como: «mantenerse firme», «despertar», «hacerse a un lado», «recuperar el centro», «desapegarse»... para expresar la importancia de permanecer independiente del ego propio, de los egos ajenos y de las situaciones por complicadas que sean. Este es el secreto para conquistarse a sí mismo.

 Desde allí, el único objetivo que queda es despertar y después mantenerte despierto.

TRES NIVELES DE LA MENTE

Hay dos tipos de percepciones, la errónea y la correcta. La percepción errónea es causada por la ignorancia (fuente de todo mal) y la percepción correcta es causada por la sabiduría. Caemos en la ignorancia cuando creemos que la apariencia de las cosas existe por su propio lado, al margen de nosotros. Obtenemos la felicidad o el sufrimiento cuando elegimos las percepciones correctas o incorrectas sobre los hechos mundanos.

Nutrirse a diario con conocimiento esencial es la única vía para tener una vida feliz. ¿Cuánto tiempo al día dedicas a leer y meditar sobre conceptos esenciales? ¿Cuánto tiempo al día dedicas a comprender la naturaleza de tu mente? El descuido de la dimensión espiritual es el abono para futuras decepciones.

Confiamos en la mente, menospreciamos el corazón. Tiramos mucho de memoria, también útil, pero no disruptiva por repetitiva. La mente perceptiva y la memoria son dos usos mentales muy básicos y elementales. La mayoría se conforma con funcionar a ese nivel. Pero si queremos pasar a otro nivel, necesitamos...

La intuición que es el conocimiento del corazón.
Es saber algo sin saber cómo lo sabes.
Conocimiento no pensado. Certidumbre sin
justificación aparente. Si la mente tiene
creencias, el corazón tiene certezas.

La imaginación que es la visión de realidades
virtuales. La que prescinde del presente y
apaga lo que es para encender lo que puede
ser. La mente creativa en el campo de todas
las posibilidades. Cualquier cosa que existe
en el mundo antes fue imaginada. Es
actualizar el futuro en el presente.

La intención que es el poder de la creación. No es
una decisión, es un campo de energía al
servicio de la mente creativa. Es el punto cero
de manifestación. Al enfocar, activamos
realidades latentes. Con la intención
culminamos el llamado de la intuición para
imaginar esa nueva realidad que elegimos.

Normalmente ponemos más intención y atención en lo que no
queremos que en lo que sí queremos, pensando que eso nos defen-
derá de lo que no queremos. Y sucede lo contrario; poniendo la
atención y la intención en lo que no queremos, estamos manifestándolo. Todo aquello que pongamos en la intención, lo queramos
o no, debe ocurrir.

La intención creativa es un campo electromagnético irresistible,
una «Internet humana», a la que podemos conectarnos para crear
nuevas realidades. Contamos con acceso permanente y buena

cobertura. Solo cuando conoces el gran poder de poner tu atención en una posibilidad del campo para que este deje de ser un opción y se convierta en un hecho, comprendes cuánta responsabilidad tenemos en nuestras experiencias.

La genialidad es vivir desde el corazón. Hacer caso a la voz de la intuición, es subir a la mente el deseo ardiente en forma de imágenes imaginadas y entregarlas al campo de todas las posibilidades... Solo entonces la genialidad cobra vida, como una «lámpara de Aladino» y tus deseos son órdenes.

La genialidad no es un don exclusivo, es una característica de la especie humana que fue desactivada para someternos a la voluntad ajena. Activa tu genio interno y trata a los demás como los genios que son. Vives en un mundo de magia, donde los magos —todos nosotros— hemos renunciado al poder que tenemos.

 Eso que imaginas, fortalecido con la coherencia y la determinación, deberá ocurrir necesariamente.

4

CAMBIO MIS PENSAMIENTOS, CAMBIA MI SUERTE

No conozco nada más liberador que poder cambiar cualquier pensamiento en la propia mente. Tu pasaporte a la libertad es admitir que no hay ningún pensamiento sobre el que no puedas volver a elegir. Por tanto, si un pensamiento te quita la paz, elegiste mal, puedes volver a elegir. Sabrás que controlas tu mente cuando eres capaz de elegir tus pensamientos. La felicidad es el fruto de la mentalidad correcta.

Cuando sostienes un pensamiento una y otra vez, lo nutres y acabas por creer que es una verdad. Debes saber que todos creemos cosas que no solamente son increíbles, sino también falsas. Es hora de sacar de la mente las mentiras del pasado. ¡Cuanto antes! Pero cuidado, transformar la mente es un proceso lento y gradual.

Cuando cancelas un pensamiento negativo antes de los cinco segundos, eliminas su proyección en la realidad. Por eso es imprescindible vigilar lo que pones en tu mente y cancelar aquello que te lastima con un decreto que empiece por: «Elijo pensar...», «Elijo creer...», «Elijo enfocarme en...».

¿Cómo saber qué pensamiento está más cerca de lo verdadero que de lo falso? Examinando cómo te sientes. La paz mental es el indicador que conduce al recto pensamiento.

Una vez estableces este filtro emocional, puedes empezar a discernir entre qué pensamientos te sientan bien y cuáles no. El problema del mundo es el mal uso de la mente; y, por ende, de todo lo que contiene.

Cuando la mente se atasca en el pasado, la culpa es inevitable. Cuando la mente se atasca en el futuro, la preocupación es inevitable. La paz se encuentra en este momento y es ahí donde la hallarás. No tiene sentido perderse el presente revolviendo algo en un tiempo que no existe y que nos roba el instante presente.

La verdad nunca nos hace sufrir, la historia que construimos sobre ello lo hace. Todo pensamiento triste es falso. Es decir, si un pensamiento, un recuerdo, una idea o una creencia hace sufrir, es una sustitución de la verdad. Esa es la prueba. No es real, sino una fantasía. ¿Por qué? Porque solo lo que te hace feliz y te da paz es verdad. Siempre que estás sufriendo es debido a que te estás contando una historia.

La prueba de la verdad es muy clara. Pregúntate cómo te sientes ante los hechos. Si sufres, estás en medio de una historia no aceptada. La realidad es lo que es, no lleva ninguna emoción adherida. Las emociones son nuestra contribución a los hechos, son interpretaciones personales.

Examina la causa real del sufrimiento emocional. Discierne entre hechos e historias. Cuando discutes con la vida siempre pierdes, todas las veces. Sabiduría es discernir entre las causas y los efectos. Los hechos son lo que es. Las historias son lo que queremos que sea.

El cambio de condiciones es fruto de un cambio de actitud. Cuando ésta es abierta, libre de resistencia, abandonamos la tentación de forzar el curso de las cosas con la presión apremiante. En consecuencia el yo inferior se retira dejando espacio al Yo Superior. A menudo es mejor que pase lo que tiene que pasar, aunque no sea de agrado. Esta apertura abre la puerta a soluciones creativas y constructivas.

Tu mundo externo se corresponde con tu mundo interno. A veces, pensamos que tenemos que esforzarnos y presionar para influir en los demás. Y no es así cómo se logra la influencia. En realidad, nuestra conexión interna entre nuestro yo real y el suyo es lo que crea cambios asombrosos en las relaciones.

Por ejemplo, los conflictos y hostilidades se desencallan cuando acortamos la distancia interna que sentimos con los oponentes. En consecuencia, dejamos de reforzar nuestro ego y el suyo que son los responsables del problema. Cuando ambos egos desaparecen de escena, la conexión espiritual es posible.

No somos el *marshall* del mundo, es mejor dar tiempo y espacio a los demás para que cambien a su paso y cuando lo decidan. Si además dejamos de vigilar cuando todo esto sucede, los cambios irán más rápido y serán más suaves. Es más productivo hacerse a un lado que presionar.

Empieza por aquí:

No necesitas cambiar todos tus pensamientos, solo los que te atormentan.

16

5

CAMBIO MIS PARADIGMAS, CAMBIA MI VIDA

Muchas veces me preguntan cómo cambiar las cosas. Las cosas no cambian, somos nosotros los que cambiamos. Las cosas solo reflejan los cambios personales. No hay nada que hacer ahí afuera, todo ocurre dentro de ti y se proyecta después.

Suelo explicar que el mundo es un espejo que refleja los cambios personales. Si quieres una vida mejor necesitas mejorar tus paradigmas, pensamientos, emociones, comportamientos y hábitos. No se trata de tomar una decisión, tampoco basta con desear... Es necesario que haya una transformación en la percepción de tal modo que el resto deba adaptarse forzosamente.

Nuevas percepciones llevan a explorar nuevos horizontes. Para no repetir los mismos resultados, situaciones, etcétera... te recomendaré algunas cosas que puedes hacer para proyectar tu cambio al mundo.

Lo primero que te sugiero es que de vez en cuando leas un libro sobre un tema del que tengas poco conocimiento y que puede ayudarte. Lee sobre temas variados. Si quieres entender cómo funciona la vida, tendrás que investigar por tu cuenta. No te lo van a explicar porque la mayoría no lo sabe. Te recomiendo que revises secciones de librerías que antes ignorabas.

Lo segundo que te sugiero es que empieces a interesarte por personas que antes ignorabas, pude ser que aprendas cosas nuevas. Encontrarás sabios anónimos entre la multitud. Si buscas pareja, por qué no empezar a prestar atención a personas que antes descartabas, los estereotipos te pueden estar robándote oportunidades interesantes.

Lo tercero que te sugiero es acudir a los tres buscadores más grandes de Internet: Google, Amazon y YouTube. Sé que hay información falsa; pero también hay información valiosa. Antes de preguntar a personas que están igual de perdidas que tú, intenta con un buscador. Verás como encuentras conocimientos que pueden cambiar tu vida.

En el momento en el que quieras obtener respuestas y percepciones diferentes, llegarán a ti. Cuando pides una forma nueva de ver la realidad, la consigues. Pero si no quieres cambiar tu percepción, la solución no querrá molestarte y no vendrá.

¿Realmente quieres cambiar? ¿O simplemente estás poniendo excusas para no hacer ningún cambio? ¿Pides para recibir o pides para excusarte? Aunque te parezca extraño, hay personas a las que les gusta que les vaya un poquito mal (no mucho). ¿Por qué? Porque así pueden quejarse de algo y señalar culpables. Y lo mejor de todo: no tienen que pasar a la acción.

Si lo sabes, lo haces. Si no lo haces, es que no lo sabes.

¿Cómo sé que algo es verdad? Muy fácil: si te funciona, es verdad para ti; en otro caso, no es tu verdad (será la de otro). Prueba diferentes puntos de vista, nuevos paradigmas, y quédate solo con los que te sienten bien. Es como ir a comprar ropa, hay que pasar por el probador. En la vida sucede igual. Solo encuentras tus «como» cuando experimentas. Lo que no te funcione, lo descartas. Lo que te sirva, será tu paradigma dominante.

Para los más mentales, he creado una ley matemática que podría ayudarles a entender mentalmente los factores que ayudan a procesar los cambios inevitables de la vida:

$$\text{Cambio} = (\text{Aceptación} + \text{Paciencia} + \text{Desapego}) \times \text{Apertura}^2$$
$$C = (A+P+D) \times A^2$$

El cambio personal será tanto mayor cuanto mayor sea la apertura que es multiplicadora de las tres actitudes transformadoras. La aceptación es entregar los problemas al sabio interior. La paciencia surge de la confianza en los resultados. El desapego es el reconocimiento de nuestra ignorancia.

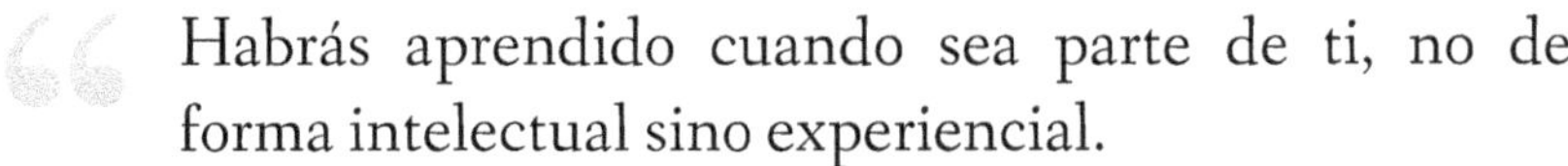

> Habrás aprendido cuando sea parte de ti, no de forma intelectual sino experiencial.

20

6

«STOP» A LAS CREENCIAS LIMITANTES

Si quieres ser consciente de tus limtaciones, examina tus palabras porque ellas expresan tus pensamientos. Sino puedes ver en tu mente, escucha tu boca. Comprenderás muchas cosas que te ocurren. Cuando hablas, expresas limitaciones o potencialidades. No hay daño o remedio que no provenga de la propia mente.

Escúchate para descubrirlas. Tu vocabulario y expresiones reflejan los paradigmas mentales que gobiernan tu vida. Allí se refleja cómo ves el mundo, tus mapas mentales, la cartografía de tu mundo interno.

Cuando ejercía como *coach* no me creía lo que me contaban mis clientes, simplemente ponía atención a su lenguaje no verbal y enseguida sabía cuál era su problema. Nunca esperé que me lo contaran, entre otras cosas porque sin saberlo mentían al explicarse. ¿Cómo sé que se engañaban? Porque estaban allí sentados delante mío, buscando soluciones.

Eres la persona con quien más vas a hablar en toda tu vida. Si te escuchas todo el santo día, en tus conversaciones internas, te darás cuenta de cómo ves el mundo. ¿Cómo es eso? A través de lo que dices, mediante las palabras que utilizas, por los juicios que emites, etcétera... Cuestiónalo todo, no a ti, sino a tus creencias. A eso se le llama indagación: investigar sobre uno mismo. Un muy buen método para desenmascarar creencias limitantes.

La higiene mental consiste en cuestionar todas tus creencias, sobre todo, aquellas que parecen ser más reales. Empieza por lo que sabes desde hace mucho, lo cual podría no ser verdad. Todas las creencias son sospechosas de ser un auto engaño. Y de todas las creencias, la peor es pensar que eres un cuerpo.

Date cuenta de lo increíbles que son muchas creencias. Además de cuestionarlo, puedes disociarte del pensamiento: «¿Quién cree eso?», «¿Qué parte de mí lo cree y por qué?». Disociar es hacerse a un lado, tomar perspectiva, observa desapegadamente.

A veces, incluso sostenemos creencias que ni siquiera son nuestras, creencias que son prestadas o heredadas. Comprende que tu mente está dividida entre un yo falso y un Yo verdadero. El ego es la vocecita que nunca calla en tu mente, es apenas un personaje que tú mismo has inventado. Yo me lo cuento como una historieta en tercera persona: «Ahora (aquí tu nombre) elige creer tal cosa y le da una rabieta por...». Referirse al sí mismo en tercera persona y echar unas risas, desenmascara al ego.

Date cuenta de quién está pensando en tu mente, tu yo real o tu yo falso. Sabrás quién porque el primero no conoce limitaciones y el segundo tiene fe ciega en ellas. «¿Quién está pensado esto?» es una buena pregunta para aclarar la mente. Las limitaciones corresponden al personaje inventado que no eres tú.

Investiga el contenido de tu mente. Di «Stop» a las creencias limitantes. Cuando dices «¿quién cree eso?» te distancias del problema y del pensador que le insufla energía. Detrás del ego hay un ser ilimitado que observa desde la paz de saber que es inalterable. Vuelve a ese lugar siempre que te pierdas, es como el punto de encuentro en un aeropuerto. Regresa siempre allí cuando tu mente se extravíe.

Ahora que has identificado a tu verdadero ser, trata de vivir desde su expresión en cada asunto cotidiano. Imagina cuántas personas, en incontables vidas, nunca hicieron este mismo hallazgo y todo el sufrimiento que se derivó de ello.

Abre tu mente a un nivel de conciencia en el cual la sabiduría espiritual es la guía hacia tu naturaleza superior o *tao*. Estás más cerca de ello que lo que está este libro de ti. No te detengas ahora, admite estas verdades:

- Nacer en el mundo es difícil.
- Conocer las nobles verdades en el curso de una vida,
  más difícil aún.
- Poner fe en ellas, y disciplinarse en sus instrucciones, es
  una rareza.

Cuando sabes quién eres, no te identificas con el ego inventado ni con sus limitaciones. Usas las creencias desde el Yo real sabiendo que no eres ninguna de ellas, que no te limitan en nada y que siempre puedes cambiarlas.

 No eres tus creencias, solo las tienes.

7

VIVIR SIN CREENCIAS LIMITANTES

Cuando te relacionas con una persona que se autolimita, te conviertes en un desafío para ella. Eres una provocación porque tú has trascendido tus limitaciones y no te autosaboteas. Tu ejemplo personal puede inspirarle o desesperarle. Y esa es su elección.

Es posible que ignore tu filosofía de vida o trate de justificar la suya. Ya sabes, la suerte, las circunstancias, la casualidad... Da por hecho que eres una excepción y tus resultados son atípicos, es decir, nada normales. Te argumentará de mil formas que lo que tú hiciste él ya lo ha intentado, pero no funciona. Pregúntale: «¿cuántas veces lo intentaste?». Cuando te responda: «una», hazle ver que eso no es intentarlo, sino excusarse.

Cada intento te acerca más al logro, cada excusa te aleja más.

El fracaso no tiene un exceso de mala suerte, tiene un exceso de excusas. Pero hay que elegir: éxito o excusas, no queda otra opción.

Solo hazle esa pregunta y después sonríe, sin añadir nada más. No trates de convencer a quien no cree en sí mismo. No lo hará porque le digas que le conviene hacerlo, eso ya lo sabe y no surtió efecto. Todo el mundo está en su derecho de elegir la clase de vida que vivirá. Tienes que aceptar que muchas personas prefieren quejarse.

No hay nada que hacer por tu parte, salvo sonreír amable y compasivamente. En efecto, tú puedes ver su dolor, pero no percibes ninguna limitación porque no existe. Sabes que las limitaciones son cadenas invisibles que se forjan en la mente. Las perturbaciones mentales son obstáculos internos invisibles.

En el caso contrario, si te cruzas con alguien exitoso, tienes la oportunidad de subir a otro nivel. Déjate inspirar por las personas que tienen una mente más abierta. Eres un reto para algunos, y a la vez otros lo son para ti. Mira hacia arriba, no hacia abajo. Siempre hallarás alguien que esté peor, pero solo progresarás buscando a los que están mejor. Relaciónate con personas retadoras, siéntete cómodo con ellas, te enseñarán a pedirte más.

Tienes dos opciones...

> Una, preguntarle: «Qué haces y cómo lo haces»,
> la mejor pregunta que le puedes hacer.
> Dos, envidiarle (negarse a uno mismo sus propios
> sueños), la peor opción.

Es decir...

> Vivir desde la inspiración es como un sello que se
> pega a una carta y no se despega hasta llegar a
> destino.

Vivir desde la desesperación es como envenenarse
a uno mismo con el tóxico de la envidia.

Evita a las personas que se autolimitan debido a su autoconcepto limitante. Quienes consiguen cosas no tiene tiempo de preguntarse si se quieren o no se quieren, si confían o no confían sí mismos... Están tan enfocados en sus tareas que la posibilidad de boicotearse está fuera de su imaginación.

Di «no» a lo inaceptable. Es muy sencillo hacerlo cuando antes has dado un «no interno» basado en el principio sagrado de la dignidad. Cuando eres firme en el interior, es fácil expresar tu negativa en el exterior. Nunca te apegues a los comportamientos erróneos de los demás (tu juicio, su culpa y tu castigo), mejor regresa a tu sentido de lo correcto (tu inocencia). Lo correcto va por delante de los intereses, la consecución de logros y el éxito mundano. El fin nunca justifica los medios. Al final, adherirse a lo apropiado, lo justo, lo correcto y digno es el logro.

¿Y qué hacer con todas aquellas personas que justifican su falta de integridad? Sencillamente dejar que sigan su camino porque en él está su aprendizaje. La vida se convertirá en una difícil lección para ellos, ten compasión. El desarrollo personal precisa de tanto tiempo como cada uno estime necesario, incluso toda una vida.

 No necesitas que te entiendan, ni necesitas entenderles. Sigue tu propio camino.

8

¿QUÉ ESTOY CREANDO AHORA?

Crear implica una gran responsabilidad. Es un poder desconocido, que una vez lo asumes, puede abrumarte. Si aceptas que estas creando continuamente tu realidad, ¿Cómo podrías quejarte de lo que obtienes? Tomar plena responsabilidad es el final de las excusas. No hay de qué quejarse.

En este instante se están cumpliendo todos tus planes, como lo oyes. Pero, ¿cómo saber qué es lo que estás manifestando ahora? Basta con observar tu realidad a cada momento y considerarlo el resultado del momento anterior. Siembras y cosechas todo el tiempo. El hoy es tan fruto del ayer como el futuro del presente.

¿Cómo sé lo que estoy creando ahora mismo? Por suerte, tenemos un termómetro interno, con una señal infalible: las emociones. Si te sientes bien, es que estás manifestando lo que quieres. Si te sientes mal, es que estás manifestando lo que no quieres. En un caso estás centrado en la presencia de lo que quieres; y en el otro, en la ausencia de lo que quieres. Así de fácil.

Presta atención a cómo te sientes ahora. Con eso basta para saber por donde andarás dentro de poco. Por eso es tan importante que te enfoques en cada momento, en sentirte un poco mejor. Pedirte un poco más no es un gran esfuerzo, pero a lo largo del día significa un gran cambio en tu frecuencia de vibración personal. Lo que emites es lo que recibes. No hay una ley espiritual más justa e inevitable.

> Si te sientes bien, estás centrado en la presencia
> del deseo.
> Si te sientes mal, estás centrado en la ausencia del
> deseo.

Cuando me refiero a bien y mal, entiendo una variedad de emociones: optimismo, seguridad, confianza, alegría... O pesimismo, tristeza, enfado, desilusión, impotencia, envidia...

Por lo tanto, el *qué estoy creando en este mismo momento* se revela en el *cómo me sentí en las últimas horas o días*. La brecha de tiempo entre el momento de la emoción y de la manifestación es cada vez más corto, de modo que es más sencillo intuir qué es resultado de qué.

Nuestro mundo y nosotros somos unidad. El gran autoengaño es creer que existen causas diferentes del propio estado de conciencia.

A más elevados niveles de conciencia, más inmediato es el efecto. Estamos llamados a alcanzar un estado de conciencia tal para el cual la manifestación sea instantánea o inmediata. Algo así como desearlo y lograrlo. Pero eso no ocurrirá hasta que semejante poder no cuente con garantías de un uso responsable como es de esperar.

Justo ahora estamos manifestando lo que concuerda con lo deseado, imaginado, sentido y proyectado antes. Si conoces el concepto de *karma* entre vidas, aplícalo a momentos sucesivos de una misma vida. El *karma* de este minuto se revelará en el siguiente.

Detente por un instante y reflexiona: «cómo me siento ahora, en este mismo momento», porque es una predicción de lo que te aguarda. Ajusta tu mañana moldeando tu presente. Diseña tu destino. Si hoy te sentiste mal la mayor parte del día —preocupado, estresado, enfadado—, ya sabes que estás sembrado más de lo que no quieres y menos de lo que quieres.

Ahora estás creando más de lo que eres. Todo tu trabajo interno va a salir al exterior a pesar de que ahora es invisible y da la sensación de que no está sucediendo nada. Los acontecimientos se orquestan en nuestro interior mucho antes de ser visibles en el exterior.

Es tu respuesta interna a los acontecimientos externos lo que modela tu mundo. Esta es la razón de que muchos proclamen los cambios como inexplicables, pues mantienen sus ojos pendientes de los sucesos y lejos de sí mismos.

La buena suerte y la mala suerte se ganan a pulso, son una elección.

9

ENSEÑO A MANIFESTAR SUEÑOS

No enseñamos a los jóvenes a ser abundantes. Creo que en esto les hemos traicionado. Es hora de acabar con la farsa de la escasez.

De forma inconsciente, enseñamos lo que mal aprendimos de nuestros padres, y animamos a nuestros jóvenes a competir y luchar por la supervivencia. Al no haber aprendido la lección, les negamos a ellos la oportunidad de aprenderla de forma correcta.

Los jóvenes aprenden la limitación: *esto o lo otro, si yo gano tú pierdes, el ganador se lo lleva todo...* Los niños son pizarras en blanco donde escribimos nuestras carencias y ellos las aprenden. Así, reproducirán las mismas carencias que nosotros les hemos enseñado con nuestro ejemplo. Lo que estamos haciendo es trasladar a las siguientes generaciones una herencia de escasez.

Competición.

Lucha.

Sacrificio.

Escasez.

Limitaciones.

Una lista deprimente. Si esto es lo que mostramos a las siguientes generaciones, no tendrán más remedio que replicarlo salvo casos excepcionales.

Imagina lo contrario. Imagina dar testimonio de nuestra verdadera naturaleza divina, superar limitaciones, ganar ayudando a la gente... Podemos ser la generación que rompa con la mentalidad de insuficiencia y terminar con el saqueo organizado al que nos someten las autoridades. Una revolución sin armas basada en la dignidad.

Te propongo imaginarlo primero y tratar de sentirlo posible después. Comportarte como una persona libre de miedo. Y entonces la realidad no tendrá más remedio que adaptarse a ese nivel de conciencia. El mundo se elevará porque nuestra conciencia también lo estará haciendo.

Si hasta ahora no cumpliste tus sueños, es porque no sabías que no se trata tanto de lo que haces, sino de quién eres. Vamos a imaginarnos todopoderosos y después vamos a preguntarnos: «¿Y si fuera verdad?».

Al principio parecerá que fingimos, pero después no habrá diferencia con la realidad. A fin de cuentas, ahora estamos fingiendo que tenemos problemas que no podemos resolver. Fingimos que los sueños no se hacen realidad. Y fingimos que el sufrimiento es inevitable y el fracaso seguro. Si vamos a sugestionarnos hagámoslo en el sentido de la posibilidad, no de la imposibilidad.

Todo ese autoengaño terminará cuando la humanidad se reconozca. Si entendemos que somos todopoderosos y vivimos en la impotencia hay algo no cuadra. Eso es jugar a perder, no a ganar. Para ganar hay que jugar a ganar. No me refiero a ganar a los demás, sino a vencer al yo pequeño e irreal que suplanta al Yo verdadero.

No hay mayor poder que la perseverancia, a veces en el hacer (actuar) y otras simplemente en el ser (actitud). Hay momentos para actuar y otros para esperar y el verdadero sabio sabe distinguir entre uno y otro.

A menudo, observar y no hacer nada es más difícil que tratar de forzar el devenir de los sucesos. Con la actitud de «hacerse a un lado» me refiero a estar vigilante, a la espera de que se muestre el camino, o pendiente de que los demás se muestren receptivos.

La perseverancia y sus variantes: disciplina, constancia, determinación, convicción... son el camino correcto para resistir las dudas y el temor de nuestro yo inferior que al no ver resultados aparentes entra en pánico y ejerce presión (sobreactuando o abandonando).

Cuando las cosas que esperas no suceden todavía es porque estás siendo puesto a prueba. Al mismo tiempo, el «algoritmo de la vida» ajusta mil y una circunstancias para el desenlace correcto.

El dominio del mundo no es necesario pero el de uno mismo es siempre imprescindible.

Deja de fingir que eres un ser limitado, descubre tu potencial ilimitado.

10

LIBERO AL MUNDO DE MIS EXIGENCIAS

Libero a un mundo de mis planes sobre cómo debería ser las cosas.

El ser humano es demasiado condescendiente consigo mismo y demasiado exigente con los demás. Muchas veces vemos a personas juzgar al mundo sin piedad; y a la vez, permitirse todo a sí mismas. Cuando señalamos, un dedo apunta al otro y cuatro dedos apuntan al señalador (lo que veo en ti, lo tengo cuatro veces). Miramos en la dirección equivocada.

Tal como diría un budista, en realidad el mundo no existe por su propia cuenta. Es una proyección del colectivo de sus habitantes.

¿Por qué lo hacemos? Porque deseamos hacer responsables a los demás de nuestras carencias. De alguna manera, se coló este extraño pensamiento en nuestras mentes: «Si no fuese por esto o aquello, todo estaría bien» o «Cuando todo esté bien en mi vida, yo estaré bien» o «Lo malo de mí son siempre los demás»... Lo que se dice *tirar balones fuera* y si acaso alguno entrará.

Es una estrategia que ya hemos probado antes y no ha funcionado. Un niño se excusa a sí mismo («se ha roto solo»), el adulto también («mira lo que me ha pasado»). Es una epidemia: no ha sido nadie, qué mala suerte... Son cosas que pasan... Pero es hora de elegir la paz interior y la felicidad al margen de lo que ocurra allá afuera, en el mundo de las cosas. Es hora de romper la lista de culpables. Nadie nos debe nada, nada debe ocurrir, nadie nos hace nunca nada.

No es necesario que el mundo cambie para que podamos experimentar paz ahora mismo.

Aceptar no es rendirse, en ningún caso abandonamos nuestros principios o nuestros objetivos. Simplemente reconocemos que hay otro modo de conseguirlos y abiertos a la expectativa de descubrirlo. Nuestra determinación está siendo probada, nuestro nivel de compromiso está siendo calibrado.

Rompe la lista de exigencias. No necesitas que ocurra nada para que tu vida funcione, salvo aceptar la responsabilidad plena en lo que sucede. No hay nada más transformador que el autoconocimiento y la aceptación de lo que es. Son mis dos mejores consejos para aquellos que deseen ver cambios milagrosos. Y cuando propongo la aceptación es tanto para el presente como para el pasado. Nunca conseguirás un pasado mejor de lo que fue.

Una relación correcta es aquella entre dos personas que han reconocido al Yo real del otro. Y a ese nivel de conciencia regresan cada vez que sus egos tropiezan el uno con el otro.

Con esto no estoy diciendo que no exista una realidad objetiva. Quiero expresar que la realidad objetiva es a la vez una percepción subjetiva. Una se puede cambiar a veces, la otra siempre.

Ningún cambio, ninguna mejora, que no proceda de nosotros hará una gran diferencia en el mundo.

No se pueden cambiar los efectos sin cambiar antes las causas. Esta es la razón por la cual no se terminan de resolver ninguno de los problemas. Siempre que reaparecen es porque ha regresado el yo inferior que los crea. Deberíamos comprender que el mundo no existe por su propia cuenta. Como es arriba es abajo, como es adentro es afuera.

Me consultan sobre cómo resolver los más variados problemas, pero solo veo un único problema y solo dispenso una solución: transformación personal desde el autoconocimiento. Y hasta que eso no ocurra, la civilización no evolucionará. El cambio más poderoso que podemos hacer es cambiarnos a nosotros mismos. Vamos a empezar por ahí.

 El mundo será un lugar mejor para ti cuando tú seas una persona mejor para él.

11

LAS CINCO FASES DE LAS CRISIS

Crisis personales, todos las conocemos en algún momento (debido a asuntos de salud, dinero, amor), y son la constatación de que algo ha cambiado. Las crisis contienen un regalo positivo para el que sabe encontrarlo, ofrecen una transformación que no se produciría de otro modo. En una crisis y en toda situación negativa, busca lo bueno y positivo. Sé un maestro en encontrar lo bueno de lo malo.

Toda crisis tiene unas fases reconocibles, es por tanto un proceso cuya duración dependerá mucho de cómo se afronte la apremiante necesidad de cambio. Este mapa te ayudará a reconocer dónde estás en el proceso y lo que necesitas para concluirlo.

1. Negación.
2. Rabia.
3. Regateo
4. Tristeza.
5. Aceptación.

La primera fase es la negación. Se suele pensar cosas tales como: «No, no, esto no va conmigo», «No puede sucederme a mí», «No está pasando», «Es un mal sueño», «Yo no»... etcétera. Cuanto antes aceptamos los hechos, lo que es, antes podremos avanzar en el proceso de cambio. Aunque parezca extraño, será la aceptación lo que nos dé el pasaporte de salida. Es hora de aceptar.

La segunda fase es la rabia. Cuando se comprende que negar los hechos es inútil, entonces estalla la rabia. Se suelen pensar cosas tales como: «¿Por qué a mí?», «¿Por qué ahora?», «No es justo»... etcétera. Es natural sentir enfado y es bueno expresarlo de forma que no perjudique a nadie, es nuestra rabia y no debe ser usada como un arma contra el mundo. Culpar a los demás no es una idea productiva. Es hora de tranquilizarse.

La tercera fase es el regateo. Es un intento de negociar con la vida, algo así como tratar de llegar a un acuerdo. Se suele pensar cosas tales como: «Si hago esto, entonces...», «Haré lo que sea para...»... etcétera. Casi siempre se trata de llegar a un *acuerdo con Dios*, con el destino, con la vida, o con personas para minimizar el caos. No suele funcionar, no puede evitarse lo inevitable. Es hora de reconocer los hechos.

La cuarta fase es la tristeza. Es la noche triste del alma, es cruzar a pie un desierto. Una fase en la que nos jugamos todo. Se suele pensar cosas tales como: «Me siento deprimido», «No me interesa nada», «La vida es una mierda»... etcétera. Estamos de duelo por lo que se fue o terminó, sin entender que ese vacío se llenará por lo que llegará (aunque solo sea la ansiada paz interior). Cada uno necesita vivir su proceso de duelo interno al paso que necesite. Es hora de cuidarse física y emocionalmente.

La quinta fase es la aceptación. Llega un punto de inflexión, se produce un *click* interior. Y se acepta la crisis porque se intuye que el cambio era imprescindible. Empezamos a hacer espacio a lo nuevo aunque aún no podemos verlo. Abrimos espacio al cambio mientras hacemos la vida normal. El gran regalo es un nuevo yo, más suave, más compasivo, más cálido y más humano... Porque sabemos de primera mano qué es el sufrimiento y cuánto cuesta trascenderlo. Es hora de pasar a otra cosa.

Cada etapa tiene una duración variable y es posible vivirla en un mismo orden o incluso volver a atrás en alguna de ellas. El cambio es muy personal. Quiero que sepas que siempre estás en el preciso lugar que necesitas más estar (pero no siempre el que quisieras).

He comprobado, en mis crisis personales, que debemos dejar de medir el progreso (el cuánto falta) del proceso. A veces, parece que estás retrocediendo y otras avanzando aunque sea lentamente. Medir el progreso es una intromisión del ego impaciente y no solo es inútil sino contraproducente. Las cosas se toman el tiempo que necesitan según su reloj interno.

Si tratamos de averiguar por qué estamos en medio de una crisis, nos perdemos sus enseñanzas porque estamos justificando la situación. Es mejor no tratar de abandonar la situación mientras ésta nos duela, porque lejos de resolverla, la aplazaríamos para después. Si no vemos la salida a la crisis es porque el yo correcto aún no se ha elaborado.

Las alas son las cicatrices de las crisis. Aquellos que han caído muchas veces desarrollan alas para remontarse. Las cicatrices bendicen tu vida, te hacen suave y humilde. Ganarás tus alas cuando sonrías después de una caída dolorosa.

12

SOLUCIONES INFALIBLES A PROBLEMAS COMUNES

No puedes servir al problema y a la solución a la vez. Como no puedes servir a la ausencia y a la presencia de sabiduría. Tienes que elegir, estás sumando o restando.

Hay dos identidades en ti, como hay dos mentes separadas en tu conciencia. Una es tu yo ficticio y la otra es tu Yo real. Tu yo irreal, o ego, es quien crea todos tus problemas; es por eso que no puedes pedirle que los solucione. El reconocimiento de tu Yo superior es la solución a todos los problemas creados por el yo inferior. Tratar de resolver los problemas donde no están las soluciones es garantía de fracaso.

Mejorar el ego ¡mejora sus problemas! (los hace mayores). En su lugar, indaga qué es eso que te está creando tantos problemas, rastrea al «sospechoso habitual», trata de disolver el ego problemático. La mejor goma de borrar problemas es la indagación honesta.

¿Te has fijado en esta coincidencia asombrosa?: siempre que tienes un problema, tú estás ahí. ¿No resulta sospechoso? Es la prueba de que te hallas implicado, de un modo u otro, en tus problemas. Si hay una parte de ti que te mete en problemas deberá haber otra parte de ti que pueda sacarte. Es por esto que tus problemas (y tus soluciones) tienen que ver contigo y con nadie más. ¿Quién puede liberarte de tus propias necesidades y apegos?

Ahí afuera no hay nada que resolver. ¿Cómo lo sé? Es fácil darse cuenta de que si no existieses tampoco existirían tus problemas. Eso prueba que no pueden tener vida sin ti. ¿Qué parte de ti les insufla energía? Tus problemas provienen de tu identidad ego: prestigio, comida, reconocimiento, cobijo, seguridad, vestido, riqueza, supervivencia. Y una lista muy larga que no deja de crecer y crecer.

Coincido con Wayne Dyer, todo problema necesita una solución espiritual. Es allí donde encuentras las soluciones infalibles. Los problemas necesitan soluciones en la conciencia. Debe existir un nivel de conciencia donde el problema simplemente no existe, esa conciencia es la solución que andas buscando. Esta es la única solución práctica. Tratar de deshacerse de un problema —conservando la conciencia que lo ha creado— no funcionará por razones obvias. Como dije antes, tienes que elegir; no puedes servir al problema y a la solución a la vez.

Pregúntate: «¿Para qué nivel de conciencia este problema no existe?» O también: «¿En quién me he de convertir para que esto ya no sea un problema?». No necesitas soluciones, lo que más necesitas es dejar de crear los problemas desde un nivel de conciencia que no pone fe ciega en ellos. Esta es la solución última de todos los conflictos.

No te dejes confundir por la apariencia de los problemas, llevan a engaño. Hay muchos factores ocultos que influyen a diferentes niveles y que solo se revelarán mucho después. Nada es lo que parece. En lugar de buscar modificar las apariencias, es más eficaz modificar la forma en que nos relacionamos con los hechos. Mantenerse desapegado de la forma de los sucesos es la solución infalible.

Antes de ver cambios obvios, deben producirse cambios invisibles (en la mente de personas) que no son evidentes. Los progresos, a menudo, no son visibles; pero ten por seguro que muchos ajustes se producen en el ámbito del espíritu en cada momento y que no modificarán las situaciones aparentes hasta después.

Sé la persona adecuada, haz lo que debas hacer y después activa la «espera correcta». El tiempo está de tu parte y la sabiduría espiritual está al mando.

No debes ofuscarte en detectar causas, culpables, soluciones... La sabiduría espiritual consiste en situarse por encima de todo eso. Ves a la causa primera, la ignorancia espiritual es el único mal humano, le impide una vida lograda al margen de la ficción en la que vive hipnotizada. La solución es despertar. El problema de andar dormido por la vida es que vives inmerso en un sueño irreal del que no quieres ser despertado porque a pesar de no agradarte una parte del sueño, te apegas a otra parte que sí te gusta.

Todo problema es creado por apegos y rechazos, crece entre ideas erróneas, y todo ese lío conceptual habrá de resolverse necesariamente al nivel de la mente. Tienes que empujar tu mente hasta el siguiente nivel de conciencia para acabar con el malentendido.

 Cuando algo está en tu realidad, deja de buscar responsables, tiene que ver contigo.

13

DEJAR DE SER EL DE SIEMPRE

El cambio forma parte de la vida, lo que se detiene muere. El ser humano ordinario teme a la muerte que es el mayor de los cambios, y por extensión detesta cualquier otro cambio. Su aversión al cambio procede de su miedo a morir pues interpreta cualquier variación como una pequeña muerte. El deseo de inmortalidad se asocia a congelar el devenir de los acontecimientos, la disolución del tiempo.

Creemos en el tiempo porque creemos en la muerte. Cuando aprendamos que la muerte no es el fin sino un cambio de densidad, dejaremos de usar el tiempo como herramienta de aprendizaje y desaparecerá.

Los ciclos de cambio se suceden por lo que conviene recordar que los buenos tiempos y los malos tiempos no duran para siempre. Sea lo que sea lo que tienes ahora, también pasará.

En los asuntos prácticos del mundo de las cosas, te propongo amar los cambios en lugar de temerlos. Procura no solamente soportar o aceptar el cambio, sino amarlo y provocarlo, entonces ya no sufrirás con el cambio, sino que lo alentarás. Entonces serás el cambio.

La transformación empieza en uno mismo. Esa es la idea más elemental de la autoayuda. Eres la persona que va a crearte más problemas en la vida y también la que más puede ayudarte a resolverlos.

O quizás no.

En cualquier caso, resistirse a lo que quiera que sea solo le dará más poder. Puedes cooperar con el cambio inevitable o puedes resistirte a él, tú eliges, pero cuando afrontes los resultados debes asumir la responsabilidad plena de lo que pasó. Nada ocurre sin tu permiso inconsciente.

Le damos mucho valor a lo que hacemos, lo cual está bien; y sin embargo, le damos muy poca importancia a lo que somos. El cambio interno precede al cambio externo y lo determina. Las personas que tienen más éxito son las que han descubierto que trabajando en sí mismas consiguen más que trabajando sobre las cosas. Mi mayor éxito ha sido hacerme a un lado y pedir al sabio interior entendimiento para descubrir lo que más necesito saber en cada momento.

Debemos amar el cambio, atrevernos a provocarlo; y atrevernos a dejar de ser los de siempre. La persona que fuimos ayer, o somos hoy, no puede hollar un destino diferente al que ya está experimentando.

Entiéndeme bien, no es que hoy seas una persona inadecuada, tu ser esencial siempre fue completo y perfecto, tan solo es que interpretas a un personaje muy pequeño. El personaje que has interpretado te ha traído hasta donde estás hoy. Pero si quieres ir más lejos, tienes que interpretar a un ser expandido (producto de la expansión de la conciencia).

Deja de ser el de siempre.

En mi caso, la primera vez que entendí que podía modelar mi vida, me sentí liberado. De repente, se abrió ante mí un mundo de posibilidades y decidí cambiar mi estilo de vida y convertirme en escritor. Tiré a la basura los consabidos: «Esto es lo que hay», «Yo soy así» y «Esta es mi forma de ser». Estudié a los mejores, aprendí bien de ellos y apliqué lo aprendido. Con ese equipaje mental, confabulé a mi favor para ser escritor y vivir de mis libros. Cumplido.

Estimado lector, comprométete a evolucionar constantemente y serás imparable, para ello no te importe pagar el precio de dejar de ser quien fuiste ayer, porque ese precio es muy pequeño comparado con la recompensa que te aguarda. La razón de que la gente no disfrute de paz interior es que no sabe que eso es precisamente lo que más necesita; de hecho, ¡muchos no saben siquiera qué es la paz interior!

Y no deja de ser paradójico que sea necesario cambiar tantas cosas para reconocer el Yo real que no está sujeto a cambio alguno. Pues lo que es real no tiene un comienzo ni un final. Y ahí se produce el último de los cambios: la renuncia al tiempo como instrumento de aprendizaje.

> Sé rápido asumiendo el cambio y te anticiparás a lo nuevo. Serás un pionero y hasta un visionario.

14

DESEO PURO SIN APEGO

Querer es una cosa, amar es otra. Lo primero significa apego, lo segundo desapego. También lo llamo tener preferencias. Yo prefiero que me vaya bien, pero cuando me va mal, sé asumirlo y reconducirlo. Tengo objetivos, pero no permito que los objetivos me tengan como su prisionero.

Soy un coach atípico porque no tengo objetivos, aunque sí preferencias que actúan como ideales. Al vivir con tal desapego, me suceden cosas muy interesantes y profundas. Dejo que el Amor guíe todos mis pasos hacia donde éste me conduzca. Y lo que sucede es que llego a más lugares que cuando me guiaba por el miedo. Dejarse guiar conduce a eventos propicios y deseables.

El desapego es querer sin necesitar. Eso es Amor. Aclaremos esto:

El desapego es: «Amaría esto, pero puedo vivir perfectamente sin ello», «Si llega, estaré feliz, pero mientras tanto, también lo seré». La felicidad es una elección de este instante, no para mañana... aunque tenemos el poder de anticipar la emoción del deseo cumplido. ¿Y cómo se hace eso? Mientras sigues haciendo tu vida, te centras en disfrutar del día a día, dejas a un lado tus necesidades para que no estorben. Incluso, das por hecho el cumplimiento de lo deseado, así que te relajas. ¿Y sabes qué? ocurrirá más pronto que tarde.

El momento adecuado siempre llega por sí mismo, no puede forzarse sin malograr los resultados. Todo tiene un reloj interno que se revela cuando llega su hora. Y nuestra intervención no puede adelantarlo ni retrasarlo. Aunque nuestra actitud sí puede relativizar el paso del tiempo.

Despégate de lo que deseas y pasarás de quererlo a amarlo (de necesitarlo a preferirlo). Es cuando sacrificas los sentimientos a los que más apegado estás, cuando consigues la independencia de tus asuntos. Aquello a lo que estás más apegado es lo que coarta más tu libertad. Amar es diferente a necesitar y te da la libertad.

¿Por qué deberías dejarte guiar hasta tus sueños? Seamos claros, porque no tienes ni idea de cómo llegar allí. De modo que entrega todos tus deseos a la certeza del corazón. Este es el paso más importante en el proceso de manifestación. Si careces del mapa, lo lógico es acudir a un guía y esperar a ser guiado. La espera no significa caer en la pasividad o la indolencia. Saber retirarse, o hacerse a un lado, temporalmente es de sabio. Después, cuando recuperemos el centro de equilibrio, podremos actuar y seguir avanzando.

Lector, pruébalo por un par de meses, a ver qué pasa, tampoco es tanto tiempo. Te llevarás una sorpresa y te aseguro que entrarás en un estado de gracia, certeza, seguridad, paz interior y guía interna... un estado todopoderoso. Aunque parezca que haciendo menos vas a lograr menos, te garantizo que van a suceder muchas más cosas.

El camino del corazón consiste en tener la valentía de confiar en tu guía interna. El corazón conoce caminos que la mente ignora.

Puedes conseguir lo que deseas cuando te has desapegado de ello. Tus deseos se materializan cuando emocionalmente eres libre del resultado. Entra en este estado mental de: «Está bien conseguir esto, y también estaría bien otra cosa». No estás tratando de mejorar la situación porque no carece de nada. Tu deseo cumplido ya existe, solo que aún no se ha manifestado.

Y recuerda validar tus sueños. Pregúntate: «¿Para qué lo quiero?». No ¿Por qué?, sino «¿Para qué?». La respuesta es la motivación real de tu deseo. Podrás validar tu deseo y además conseguir la motivación para alcanzarlo. Con esa motivación ardiente, serás un cohete imparable. La gran diferencia entre tener un *para qué* poderoso y no tenerlo, es la motivación.

Al abandonar el apego a lo irrelevante, emergerá el gusto por lo significativo y relevante. Al final todo se reduce a conocerse y lo demás viene detrás. Distinguir entre el sí-mismo y el no sí-mismo. Cada uno de los cuales tiene sus objetivos particulares y diferentes.

Al validar tienes que tener claras tres cosas:

1. Qué quieres.
2. Para qué lo quieres.
3. Qué parte de ti lo quiere.

 El cómo y cuándo conseguirlo son detalles irrelevantes.

15

AMBICIÓN ILUMINADA

Déjame contarte cómo pasar de la *ambición egoísta* a la *ambición iluminada*.

Seguro que conoces tan bien como yo esa clase de ambición que te consume, me refiero a la ambición egoísta. Esa que pretende resultados mundanos a costa de la paz interior. Puro apego y necesidad. La *ambición egoísta* siempre resulta del miedo; o cuando menos, de un amor narcisista al sí mismo.

Ambición egoísta.

Es natural ser ambicioso en la vida, aspirar a progresar... pero hay algo mejor. Mucho mejor.

Ambición iluminada.

No te diré que abandones la idea de conseguir aquello que deseas, sólo quiero mostrarte un tipo de ambición más empoderante, la *ambición iluminada*.

La *ambición iluminada* se caracteriza por el reconocimiento de la ausencia de mérito, no hay ningún logro personal porque no existe una identidad a la que admirar. Es la ambición de la vida impersonal.

Cuando consigues resultados, objetivos, metas y propósitos... atraviesas un proceso de cambio interior. Estás descubriéndote. Te das cuenta de que lo obtenido es obra de algo más grande que tú. Es fruto de un poder interior que antes desconocías. Tu ambición te ilumina a ti y a tu vida. Tu gran regalo es tu revelación espiritual.

La divinidad se pone a cargo de disolver tus dificultades y señalar tu camino.

Ahora sabes cómo funciona el mecanismo de la manifestación, intuyes que hay algo más grande que tú que está trabajando para hacerlo real. Empiezas a descubrir que en realidad no creas nada pues solo permites que se manifieste lo que quiere suceder a través de ti.

Empiezas a pasar de la *ambición egoísta* a la *ambición iluminada*. Tu vida resplandece como nunca antes. Por primera vez te reconoces y te muestras tal como fuiste creado:

- Completo.
- Perfecto.
- Poderoso.

Al reconocer la perfección en ti, permites a la divinidad —que mora en ti— ilumine tu ambición y dejas que los milagros ocurran. Empiezas a preguntarte qué sería mejor para ti (dejas de saberlo). Ya no das por seguro nada, porque no sabes lo que es mejor para ti. Entregas tus elecciones al Amor que sabe bien qué es mejor para ti.

Eso es la *ambición iluminada*. Es mil veces más eficaz que la *ambición egoísta* y más brillante que mil soles. La *ambición egoísta* puede llevarte lejos, pero no al infinito. Es muy poco comparada con el poder del Amor. Guiarse por el ego es muy poco ambicioso porque hay una opción mucho mejor y ahora ya la conoces.

Aún después de leer esto puede que no sepas cómo hacerlo. No hay nada que hacer, es lo que has hecho lo que precisamente te impide ver cómo conseguir deseos desapegados. Renuncia a hacerlo por tu cuenta y será suficiente para hacerlo todo. Este es el camino perfecto.

Ser ambicioso es llegar al centro del corazón de uno mismo.

16

EL YO QUE SUFRE

Debido a que olvidamos quién somos, creamos un yo inferior en cada uno de nosotros. Y ese yo inferior sufre debido a su naturaleza insustancial. Pasaremos el resto de la vida en tal autoengaño y solo al despertar nos liberaremos de esa identidad inventada.

Al desidentificarte, te deshaces de los miedos que arrastra esa identidad fantasmagórica. Si eres consciente de que hay una parte de ti que sufre y que está condicionada para sufrir, es fácil desligarte de ese yo que sufre y dar un paso hacia tu auténtica identidad.

Cuando te das cuenta de esa dualidad, y reconoces un yo que sufre y un Yo que está en paz, te toca elegir desde cuál quieres vivir el resto de tu vida. Estás en la antesala del fin del sufrimiento.

Para llegar a ese punto de inflexión: obsérvate e indaga... encontrarás una posición desde la que el sufrimiento es evitable, incluso imposible. Sin embargo, una mente no observada o no cuestionada, es una mente que sufrirá.

¿Por qué? Porque la mente se confunde con sus elaboraciones mentales (cháchara mental). Es víctima de sus propias historias inventadas. La mente condicionada, o yo inferior que sufre, se cuenta historias terribles (miedos), se cree sus historias y experimenta sus propias ficciones. Vive dentro de sus «películas mentales» de las que es rehén.

Nuestra mayor necesidad es vislumbrar un autoconcepto diferente al habitual. Solo entonces nuestras vidas cambiarían. Mientras eso no cambie, las cosas seguirán siendo como son. Una visión limitada del yo tiene que manifestar una vida limitada.

¿Cómo sabes si una historia es real o inventada? Aplica esta sencilla regla: todo pensamiento que puedas etiquetar con miedo es irreal, todo pensamiento que puedas etiquetar con Amor es real. Lo que nos conduce a esta simple ley natural: solo el Amor es real, el miedo es una invención.

El yo inferior que sufre comete dos errores que causan su sufrimiento:

> El primer error tiene que ver con sus apegos. Se apega a algo, necesita algo, tiene que ocurrir algo, exige un resultado... Si no, sufrirá. Tiene apego a un resultado, a un acontecimiento, a una relación, a lo que sea. Si ocurre será feliz, en el otro caso no. ¿Ves el peligro?

> El segundo error tiene que ver con el rechazo o aversión. Rechaza, niega hechos, ignora lo rechazado, mira a otro lado... No puede

aceptarlo. Rechaza cualquier cosa que no le gusta. Si no ocurre será feliz, en el otro caso no. ¿Ves el peligro?

Si estás en alguna de esas posiciones, o en ambas, estás guiado por el yo inferior, y el destino seguro es el sufrimiento. De las dos opciones, encontrarás más personas que tratan de evitar lo que no quieren que intentando conseguir lo que quieren. El rechazo supera al apego por mucho.

¿Cómo resolverlo? Desapego y aceptación, dos palabras que el ego detesta.

- Primero, no te cuentes historias de terror, desinterésate del miedo.
- Segundo, apégate al desapego, deshazte de la necesidad de que ocurra algo.
- Tercero, deja de discutir con los hechos, siempre vas a perder; lo que es, es.

Para desactivar el sufrimiento hay que inclinar el centro de gravedad del yo irreal al real. El final del sufrimiento es el final del yo que sufre. Abandona todo sentimiento de autocompasión, miedo, impaciencia, desesperanza... Solo el Amor es real, cuando lo comprendes, eres una persona libre y en paz.

La sabiduría espiritual implica sentirse cómodo al dejarse guiar por el Amor (el cual señala el camino correcto).

 El apego y el rechazo son el veneno del sufrimiento. El desapego y la aceptación son sus antídotos.

17

LA VOZ QUE NUNCA CALLA

No te conozco, pero sé esto de ti: tienes el hábito de hablar a solas, más concretamente de hablar mentalmente a solas. ¿Me equivoco?

Si te fijas, hay una voz dentro de ti que nunca se calla, es la voz de tu mente, es la verbalización de tus pensamientos. Y resulta muy fácil creerse lo que la mente cuenta. Como tu mente no para, esa voz mental tampoco calla. La oyes desde la infancia y por eso te es familiar y te confundes con esa voz. Crees ser quien habla dentro de ti. Así te identificas con los pensamientos de un diálogo mental que nunca termina. Día a día, desde que te levantas hasta que te acuestas.

No te preocupes, es lo normal, a esa vocecita la llaman «el loco o loca de la casa», la voz de la mente. Vamos a reírnos un poco con esto, me temo que todos somos un poco dementes si aceptamos la definición de demencia por *oír voces dentro de la cabeza*.

Esa *mente loca* te ha convencido de que debes buscar la felicidad por tu bien, y ahí está la trampa: todo esfuerzo por conseguir la felicidad solo consigue obstaculizarla. Un loco solo puede planear locuras: tratará de cambiar el mundo, cambiar a los demás y finalmente de cambiarse a sí mismo... Todo inútil. No funciona y lo sabemos porque ya lo hemos probado. La voz que nunca calla te embaucará convenciéndote de que tiene un montón de buenas ideas para mejorar tu vida. Fíjate que lo último que te propondría es cambiar los pensamientos, señalar la *mente loca* que crea todo ese caos.

¿Crees que eres esa voz?

¿Crees que eres tú quien está hablando?

¿Eres tu mente?

Disociarte de la voz que nunca calla y observarte (mejor escucharte) te dará una pista sobre quién eres. En efecto, eres *aquello o aquel* que escucha el discurso de la mente. Ahora la voz parlanchina es de alguien *diferente*. Bienvenido a la verdad.

Tu yo real ha escuchado tanto tiempo esa voz que has creído que esa verbalización de tus pensamientos eras tú. No lo eres.

Te diré algo revelador: si puedes oír la voz, si la estás escuchando (para leer también verbalizas lo leído) es señal de que «alguien» está escuchando. ¿Quién eres tú? ¿Quien habla o quien la escucha? Si te abstraes de la voz, entonces debes ser alguien distinto, otra conciencia diferente, un Yo superior. Esto se pone interesante porque al dudar de tu verdadera identidad, empiezas a desidentificarte de la voz que nunca calla.

El mayor logro es desidentificarse del falso sí mismo.

Haz una prueba, dile a esa voz que se calle. Si no te hace caso, es lo más probable, no se te ocurra gritarle porque empeorarás las cosas, la voz te responderá: «No me da la gana» y entrarías en paranoia. Mejor, dale las gracias y despídela. Haz unos minutos de meditación y disfruta del silencio mental. Es tu hora de descanso. Convierte este receso en un hábito diario y la voz que nunca calla empezará a callarse cuando lo necesites.

No es extraño que tantas personas parezcan enloquecer. Ni tampoco acaben creyendo cualquier cosa que pongan en su pensamiento si se las repiten el tiempo suficiente. No me extraña que las personas necesiten silencio, busquen la calma y se procuren espacio para poder recuperarse, es decir, meditar.

Si observas a las personas que se cruzan contigo por la calle, parecen hablar solas. Entablan diálogos internos, incluso a veces discusiones internas. ¿Se están entrenando? Parece que se entrenaran para discutir más y mejor. No me extraña que tantas personas acaben agotadas al final del día por culpa de esa voz mental que nunca calla.

Por todo eso es tan importante procurar silencio tanto interior como exterior, meditar, sentir la paz de la naturaleza, incluso recitar mantras para tener una mente enfocada. La paz mental (ausencia de ruido interior) es una disminución de la actividad mental que te permite hacer espacio para la regeneración. Desde ese silencio mental, descubres finalmente quién eres; y entonces concluyes que la felicidad es lo que eres y el sufrimiento es lo que haces.

 No eres tu mente, aunque la uses como instrumento.

18

NO SOY UN EGO

El único misterio que debemos resolver es el de la identidad, descubrir quién somos.

Hay en ti dos entidades, una es el ego parlanchín y la otra es el espíritu silencioso. De la primera tienes sobrado conocimiento, pues es la que ha gobernado tu vida hasta la fecha. En esta obra nos centraremos en la segunda identidad, tu naturaleza espiritual, ya que es la única real.

No sabemos quiénes somos. Pregunta a cualquiera y comprobarás su ignorancia esencial cuando te responda con una lista de datos: nombre, edad, nacionalidad, estado civil, estudios, profesión, religión, creencias... Etiquetas. Empieza por deshacerte de todas las etiquetas y ver qué queda.

Todos tenemos un yo fabricado, inventado, que tiene que ver con un cuerpo, con una identidad, con una historia, con una profesión, con unos gustos, unas creencias... Nos confundimos con esa persona que hemos fabricado a lo largo de la vida, a la que llamaremos personalidad o ego. Pero más allá, hay un Yo real, espiritual, desconocido.

Cuando reconoces tu verdadera identidad esencial y vives desde esa identidad, entiendes el juego del ego, te liberas de sus estrategias. Pero cuando caes en su engaño (las artimañas de la mente son muy sofisticadas), vivirás dentro de una cárcel mental. Regresa siempre a lo esencial y para ello deberás renunciar a defender el yo ilusorio.

El ego te recluye en una cárcel mental invisible, su máxima concesión es un *vis a vis* dentro de la cárcel, o tal vez un permiso de fin de semana, pero nunca te proporcionará la libertad, eso no está en sus planes. Como mucho, puede mejorar tus condiciones carcelarias, pero poco más. Ya sabes, un poco de patio, una celda con más luz, mejor o doble ración de comida... pero siempre te mantendrá preso.

Vivir desde el ego es como vivir en prisión.

Vivir desde el Yo Soy es vivir en libertad.

Esa es la verdad, duda de todo menos de este principio: Yo Soy. Tu identidad real no tiene nada que mejorar, nada que cambiar. Tus niveles de conciencia mentales son mejorables, pero ninguno —por elevado que sea— eres tú. Un yo idealizado puede parecer una maravilla pero sigue siendo irreal. Tú ya fuiste creado, completo y perfecto, no necesitas reinventar lo que eres.

Más allá del ego, el ser espiritual (no mental) es la intención que manifiesta los deseos. Todos los problemas se resuelven si antes se resuelve el problema de la identidad. Los muchos o pocos problemas que afrontamos no proceden del mundo, sino de la mente que interpreta el mundo. Solo la mente tiene el potencial para acabar con los problemas que ha creado.

Cuando el ser humano sepa quién es en verdad —y recupere su verdadera identidad— obtendrá el poder de conseguir las cosas que imagina. Pero si quiere, si insiste en manifestar las cosas desde esa posición ficticia y carente de poder que es el ego, las cosas no prosperarán.

Últimamente percibo cierta decadencia en el ambiente del desarrollo personal. Muchos son atraídos por propuestas *new age* de logro y reinvención que tratan de mejorar el ego pero no de disolverlo. Ellos son cautivados por una vida pseudo espiritual con el objetivo de satisfacer sus deseos y apegos. Es lo que se conoce por «ego espiritual» o «materialismo espiritual». Un auto engaño que mantiene las causas del sufrimiento en aras de una felicidad falsa.

La forma de disolver el yo irreal del ego (quien creemos ser, el que siempre está luchando y esforzándose) es desenmascarándolo, lo que equivale a revelar el Yo real (quien somos, la manifestación sin esfuerzo) capaz de crear nuevas realidades.

Saber quién eres es el gran trabajo de tu vida. Tu misión. Y tarde o temprano deberías responder a la pregunta: «¿Quién soy y por qué estoy aquí?». Este es el único propósito de la vida, despertar, y es lo que da sentido a la existencia.

 El primer paso para manifestar nuestros deseos es revelar nuestra auténtica identidad.

19

ADIÓS A LA CULPA

Las personas que creen en la culpa terminan por sentirse culpables y buscan a quienes culpar.

Buscar culpables o sentir autoculpa es lo mismo. Son las mismas consecuencias de creer en el miedo. Dejar de tener fe en el miedo, y creer en el Amor (la alternativa y la única realidad), disuelve la culpa.

No se trata de ser un santurrón, ni un tontorrón buenista. Si alguien te está perjudicando de alguna manera, pon fin a la situación, incluso con el uso de la fuerza si no queda remedio. Pues para que el mal triunfe solo es necesario que el bien no haga nada y consienta. Este es el problema de la actual humanidad, es sumisa.

Si a una persona hay que pararle los pies, lo hacemos. Y seguimos adelante sin culpas ni remordimientos. Una vez arreglado el asunto, hay que seguir adelante con la vida sin que lo ocurrido suponga un lastre emocional. Esto es el verdadero perdón, desapegarse del pasado y seguir adelante como si nada hubiera pasado.

Yo no soy de los que ponen la otra mejilla, no acepto lo inaceptable, no permito atropellos. Es un asunto de autorespeto y dignidad llevado a la práctica y es una lección para quien se extralimita. Prefiero aclarar los límites sin titubear y sin demora. Pero, después de solucionar un conflicto no sigo con el juego de culpa y el castigo. Sin rencor se vive mejor.

Yo no veo culpables, pero percibo de lejos la ignorancia. No les castigo, les enseño diligentemente. Los buenos maestros no son complacientes, son exigentes. Y a veces son duros.

Nada de culpas: ni culpa suya, ni culpa mía... Culpa de nadie. Mover la culpa de un lado a otro no sirve de nada. Esto no es resolver el problema, en el fondo sigue habiendo un culpable. Lo apropiado es detener los comportamientos inaceptables, disolver la culpa y seguir adelante sin rencores.

Somos expertos en fabricar culpa, pero no tenemos idea de cómo deshacerla.

Este es nuestro trabajo ahora, aprender a deshacerla. ¿De dónde nació la culpa? Del miedo. Lo irreal proviene de lo que también es irreal. El miedo muestra mil caras, la culpa es una de ellas. La persona que cree en la culpa, y que culpabiliza o se culpabiliza a ella misma (lo mismo da), es una persona que vive en el miedo.

Para deshacer el miedo es preciso desarrollar la sabiduría espiritual. Ya sabemos cómo es nuestra vida con miedo, pero no tenemos idea de cómo sería vivir sin miedo. Es hora de averiguarlo.

El mundo no fabrica el miedo, es neutro, el miedo es una elección personal. Es hora de reconocer que has fabricado el miedo; y al igual que lo has fabricado hasta hoy, puedes dejar de fabricarlo a partir de este instante.

El miedo no está en el mundo, no puede manifestarse sin la mente que cree en él. Su origen es la mente confundida y el mundo es el escenario donde se proyecta en forma de conflictos.

Ahora que sabes que la culpa es una expresión del miedo, y que el miedo es una fabricación de la mente confundida, puedes elegir dejar de fabricarlo (y por tanto deshacer toda culpa). Con esta certeza, podrás construir una vida libre de pesadillas irreales y consagrar tus días a la paz interior.

 Vivir sin culpa y sin miedo es una elección.

20

LA VIDA IMPERSONAL

Tal vez hasta el día de hoy, te has tomado las cosas de una forma muy personal. Lo que se dice: *tomarse la vida a pecho*. Y la razón puede ser el miedo a que te hagan daño. Si crees en la lucha, vivirás en el ataque y la defensa... Una mente llena de conflictos es la causa del sufrimiento.

Es hora de tomarse la vida de una forma impersonal. Nadie a quien dañar, nadie a quién atacar, un mundo libre de culpa y castigo. Sin víctimas, sin culpables. Cuánto me gusta recordar el aforismo de *UCDM*: «Nunca nadie te hace nada». Cuánta paz hay detrás de esta afirmación.

Cuando declaras la paz en tu mente, consigues la paz que andabas buscando en el mundo.

Un día leí un libro que me impactó: *Siendo nadie, yendo a ninguna parte*. Lo compré solo por el título. Tras leerlo me convencí de que el origen de mis problemas estaba en mi mente ignorante, no en la vida. La vida no tiene nada de malo, solo que no la entendemos.

Ser nadie y no tratar de llegar a nada... me parecía la más ambiciosa de las metas. La exploré. Entendí que interpretamos personajes; en consecuencia, solo permanece el Yo Soy, el ser impersonal, el auténtico Yo que no necesita de ningún logro o transformación porque es la pura perfección.

La vida impersonal elimina sin esfuerzo:

- Llegar a un destino.
- Encontrar el camino a un destino.
- Conseguir un logro.
- Cambiarse a sí mismo.
- Convertirse en alguien.
- Luchar con el ego.
- Aspirar a iluminarse.

Lo tienes claro cuando te preguntas: «¿Quién, qué aspecto de mí, quiere todo eso?» y «¿Qué me hace pensar que necesito algo de todo eso?». Me di cuenta de que tenía que dejar atrás todas las creencias referentes a que ser una clase de persona y sacar adelante una vida. Ese es el gran engaño.

En resumidas cuentas, todo es un juego entre personajes inventados en el que nadie ve a nadie realmente, solo sus fachadas de cartón piedra. Todo es un juego de rol. Nadie ve a nadie. Así que lo que te propongo (revisa mi libro: *El coach iluminado*) es una vida impersonal. Lo cual significa desidentificarte de tu ego y sus exigencias. No necesitas ser nadie, ni llegar a ninguna parte salvo al centro de tu Ser.

Lo que te propongo es un buen negocio: todo a cambio de nada.

Tu vida impersonal es la ansiada paz. Así que deshacerte del ego significará el final de tus conflictos. Este es un buen trato, ¿no crees? Dejas nada porque el ego es nada. Y al abandonar tu auto-concepto, que es nada, consigues todo (la paz).

Desapégate de lo irreal para que pueda emerger lo real. Y qué tranquila es la vida cuando entiendes que no hay que defenderse de nadie ni de nada, ni nada que mejorar. Como te dije, estás consiguiendo todo a cambio de nada.

El único error era tratar de mejorar tu ego. Un *ego iluminado* es un oxímoron. El espíritu ya está iluminado. Solo precisa ser revelado.

 Te propongo una vida impersonal, libre de farsas de identidad, para que sea revelada tu auténtica identidad luminosa.

21

ESTADO DE GRACIA

¿Por qué unas personas consiguen una vida más lograda y otras no? ¿Karma? ¿Genes? ¿Suerte? No lo creo. He encontrado doce poderes (ver los doce poderes de mi libro: *El Código de la Manifestación*) que aprendí de filosofías orientales y de místicos occidentales que estudié a fondo. Me di cuenta de que las personas que activan los doce poderes son más felices.

La gracia es un estado de conciencia en el que las cosas fluyen con facilidad y sencillez. Estás en gracia o en desgracia, según si vives en flujo o, todo lo contrario. Estar en flujo significa encender el interruptor que llaman *suerte* y que se activa cuando vives en sincronía con tu naturaleza espiritual. Igual que pasa con el dilema del huevo y la gallina, no sabría decir qué es primero: si la coherencia o la gracia.

Las personas que consiguen más satisfacción de la vida son las que no se identifican demasiado con su yo irreal o ego. No se enfocan en la lucha, sino en dejar que el universo haga su parte, cuidándose de hacer su trabajo sin interferir. Básicamente esas personas que consiguen la felicidad tienen un paradigma espiritual de la vida; o como mínimo, adoptan una posición interior de sencillez que hace todo más fácil. Son personas sabias espiritualmente.

Abandona cualquier idea preconcebida que tengas sobre ti, sé nadie yendo a ninguna parte. Si quieres mejores resultados, deberás madurar los conceptos: flujo, sencillez, coherencia, sincronía, desapego, modestia... Este es un viaje sin distancia, vamos tan cerca que ni siquiera hay un camino, seguramente dándonos la vuelta ya habríamos llegado.

Creo que la gente tiene una vida muy complicada porque ellos son muy complicados. Están muy ocupados paseando su ego por el mundo. Se pasan la vida llevando a cuestas un personaje que resulta ser la causa de todos sus problemas. Su error consiste en tratar de vivir por su propia cuenta, sin armonía con los ritmos naturales, en una vida demasiado materialista. La ignorancia espiritual es la causa de los sufrimientos que acechan al ser humano.

Estimado lector, mi consejo es que hagas tu trabajo y dejes el resto a la providencia que sabe mejor que nadie qué piezas han de moverse para desatascar las cosas. A solas en la vida, nunca conseguimos nada importante. Recibimos mucha ayuda del ámbito invisible. Como seres multidimensionales que somos, deberíamos aceptar que *algo hace no sabemos qué, pero lo hace a la perfección*. Esa es la sencillez a la que me refería en las personas sabias espiritualmente. Cuando sabes quién camina a tu lado, quién te lleva en brazos, todo es mucho más sencillo. Eso es vivir en el estado de gracia.

Tengo muy claro que me hallo en estado de gracia cuando atiendo las necesidades del momento sin apegos a ideas preconcebidas del yo inferior. Una vez más, entrar en estado de gracia es fluir en el seno de la inteligencia todopoderosa que nos conduce sin esfuerzo. Para ello es necesario deshacerse de las innumerables limitaciones mentales del ego y dar paso a la sincronicidad y a la intuición como brújula. Andar el camino del corazón que guía cada paso desde el Amor (y no desde el miedo). Hay belleza y sabiduría en no saber cómo se desarrollarán las cosas.

Una flor florece porque se reúnen todas las condiciones para que así sea. Al ser un efecto de muchas causas actuando en armonía, la flor brota sin esfuerzo y por eso es perfecta. En nuestro caso, cuando nos unimos a ese flujo y permitimos que nuestras intenciones estén en armonía con las leyes espirituales, todo es más rápido, sencillo y sorprendente. La felicidad es inevitable para la mente correcta y el comportamiento correcto. El Yo Superior reconoce el sincero esfuerzo para hacer lo correcto.

Muchos lectores que me leen trabajan en la ayuda a las personas (*coaches*, terapeutas, consultores, mentores, entrenadores...). Si elegiste ayudar a otros, te aconsejo elevar tu conciencia al estado de gracia para ser de mayor utilidad. Para servir bien al prójimo es preciso salir del pozo en el que se encuentran los que necesitan la ayuda. Entiende que alguien tiene que tirar desde arriba. No digo que sea precisa la perfección para poder ayudar, pero sí conviene exceder el nivel de conciencia promedio de la sociedad a la que se sirve. Una persona en estado de gracia es una llama que prenderá a muchas otras con su sola presencia.

 Para ayudar a otros nada mejor que antes ayudarte a ti.

22

NUNCA ME ENFADO CON QUIÉN CREO

Vuelve a leer el título. Si nunca te enfadas con quien tú crees, entonces, ¿con quién te estás enfadando?

Cuando te enzarzas en un conflicto, una discusión o una pelea, en realidad no estás viendo a nadie (enemigos), salvo tu miedo. Simplemente ves tu miedo reflejado en las situaciones y en las personas. Buscas un culpable y eliges sus egos como la causa de tu disgusto. No te enfadas con el Ser real, más bien lo haces con el ego de las personas.

No te estás enfadando con nadie salvo con una identidad irreal. Te estás enfadando con apegos y aversiones que están en tu mente. Y con ello te estás desperdiciando.

Para simplificar, utilizamos la metáfora de la mente dividida, dos identidades conviviendo. Una es la conceptual, esa parte inventada o ego que creemos que es nuestra identidad. Y luego está la real, el Ser espiritual que observa. Así que cuando te discutes con alguien, lo que está ocurriendo en realidad es que un concepto está peleándose con otro concepto. Nadie ve a nadie tal cual es. Todo es fruto de un malentendido. Pero ninguno de los dos contendientes percibe la confrontación entre conceptos.

Prueba, en lugar de enfadarte, a agradecer el espejo que son esas personas para ti. Agradece ver a través de ellas los temores de tu ego y su sistema de creencias. Al igual que ellos defienden su autoconcepto, tú defiendes el tuyo.

Un concepto se enreda con otro concepto, esa es la confusión. No es nada personal. Todo es una confusión que en algún momento se desenredará. Considéralo así la próxima vez que creas tener un problema con alguien: apenas un par de conceptos que se enganchan. Todo es una historia mental.

Un enfado es una situación por la que estamos siendo probados con una oportunidad de revalidar los principios personales. Ante el descontento podemos volver a elegir entre la paz y el conflicto. Si no abandonamos nuestros principios esenciales podemos regresar a nuestro centro de gravedad para no caer. Agradecemos los egos de los demás que están probando a nuestro propio ego. Y comprobamos una vez más que nuestra respuesta correcta es mantenernos independientes a la adversidad. Sea lo que sea, también pasará.

Nuestra única oportunidad para no perdernos es mantenernos en lo esencial y lo correcto, eso mantendrá al ego de los demás a raya. Es nuestro antídoto para sus dardos venenosos, además de nutrir a nuestro Yo Superior y procurar la conexión con la sabiduría espiritual.

Imagina que entras en un cine y te sientas en platea. Empieza la película y curiosamente la película cuenta tu vida. En la pantalla, simplemente la vida ocurre. Pero desde platea, el Yo real, observador, entiende que todo es un guión interpretado. De hecho, asistes a la *premier* como director y protagonista de esa película que es tu historia inventada.

Eres el director de la película, el guionista de la película, el protagonista de la película... Y allí estás, en la pantalla, víctima de tu propio guión. En la historia, todo parece real: enemigos, amigos, conflictos y el desenlace final. Desde platea, como observador, sabes que todo es una fantasía peliculera.

Hay muchos géneros en el cine (suelen mezclarse): aventuras, terror, drama, humor, comedia, futurista, *thriller*, musical, cine catastrófico... Lo que tú quieras que sea, porque en cualquier caso, tú eres el director, protagonista y guionista. ¡Y también el espectador!

Pero quisiera que percibieras que puedes levantarte de la sala de proyección, salir a la realidad y despertar. El día es demasiado hermoso como para desperdiciarlo en una sala oscura viendo historias tristes. Eso es iluminarse o volver al Yo Soy real.

Si deseas transformar tus relaciones personales te diré el modo más eficaz que he encontrado. Deja de decirles a los demás qué tienen que hacer o no hacer. Relaciónate con quién ellos son ahora, desde lo que es correcto para ti.

 Despierta a la realidad, déjate de películas, vuelve al Yo Soy.

23

EL PODER DEL DECRETO

El primer poder espiritual es el decreto.

Decretar es afirmar que algo sucederá, aunque el poder del decreto va más allá de la afirmación, que en el fondo no deja de ser un pensamiento expresado en palabras que no siempre va acompañado del poder de la emoción. El decreto posee el poder de la convicción.

Una afirmación es una declaración de intenciones, un decreto es una sentencia. El tono vibracional es diferente, también los efectos.

Que la mente está ocupada en «hablar consigo misma» es un hecho, ahora, ¿por qué no utilizar ese diálogo interno para crear un estado mental de logro? Si deseas autosugestionarte, pon énfasis en la emoción que adhieres a las palabras, eso es su combustible creativo. Toda afirmación interna o externa debería estar guiada por el Amor y la convicción.

La forma en que nos hablamos importa, el vocabulario que usamos también. No es lo mismo decir *debería* que *decido*. No es lo mismo *elegir* que *tener que*, como no es lo mismo *descubrir* que *aprender*. Las palabras que usamos en nuestras conversaciones, y en nuestro diálogo interno, tienen un gran impacto.

Además de la emoción de la declaración, es importante la confianza en el resultado lo declarado. Decretar en contra de las propias creencias es inútil, sin fe no hay efectos. Por ejemplo, si decreto abundancia pero no me siento abundante, no estoy decretando, estoy contradiciéndome.

Cuando hablo de fe no me refiero a un concepto religioso de credulidad a ciegas. Para mí la fe es la suspensión de la incredulidad, tiene que ver más con el autoconocimiento que con una esperanza infundada.

Una palabra, propulsada por la emoción, constituye un decreto que se convierte en ley. No te conformes con una afirmación llana y simple, añade la carga emocional que refleje tu compromiso... es como si te casaras con el futuro: *sí, quiero*.

Decreta desde la convicción, elimina toda noción de duda o de no saber cómo. Apégate al sentimiento de la confianza. Sin convicción en el resultado, ninguna fuerza del universo se sentirá tentada a aliarse y colaborar contigo. Una oración carente de confianza es una repetición hueca y repetirla no servirá de nada.

Lo más increíble de todo es que para conseguir las metas de la vida, el camino más rápido es la decisión de decretarlo, afirmarlo positivamente y con convicción. Eso será el combustible de un engranaje multidimensional que reorganizará los recursos necesarios para crear una nueva realidad. ¡Pronto! ¿Qué tan rápido? Tanto como mayor sea la convicción.

El decreto más poderoso que conozco es «Yo Soy». Según pienso, es reconocer la verdadera identidad. Implica autoconocimiento del sí mismo. La persona que afirma «Yo Soy» apela a su divinidad. Si añades un adjetivo (como: soy salud, soy prosperidad, soy la perfección, soy la fuerza, soy el conocimiento...) cualquier cosa que añadas se convierte en decreto.

Ejemplos:

Yo soy abundancia.

Yo soy paz.

Yo soy conocimiento.

Yo soy Amor.

Yo soy consciencia.

Yo soy la conciencia divina.

Yo soy la energía infinita.

Yo soy la presencia del Amor.

¿Es necesario escribirlas o dedicarles una meditación? En realidad, no. Hagámoslo más sencillo, bastará con incluir esas afirmaciones-decreto en nuestras conversaciones cotidianas con los demás (ellos no se darán ni cuenta). Al insertar decretos positivos en el día a día, su influencia se hará palpable en nosotros, en los demás, en el mundo.

El poder del decreto proviene de la certeza del Yo Soy.

24

EL PODER DE LA EMOCIÓN

El segundo poder espiritual es la emoción.

Emoción es *e-motion*, energía del movimiento. La emoción mueve a las personas y al mundo porque tiene el poder de trasladar las ideas al mundo de las cosas. Básicamente, la emoción es el combustible de las ideas y las palabras.

Si formulas una afirmación pero no le pones emoción (gasolina), no anda. Si tú tienes un coche, pero no le echas gasolina, el coche no anda. Es lo mismo. Un deseo con emoción vuela porque adquiere el mismo nivel vibratorio de la emoción.

Has de saber que el campo electromagnético del corazón es muy superior al de la mente. Por eso la sabiduría es superior a la inteligencia. Visualizar funciona, pero añadirle emoción crea una intención mucho más poderosa que una imagen o unas palabras.

Hay emociones muy densas, muy bajas y emociones muy livianas y elevadas. La frecuencia de vibración lo es todo. Aquí la escala va desde la vergüenza (en lo más bajo) a la compasión (en lo más alto).

Eleva tu cuerpo emocional, eleva tu vibración para estar a la altura de tu deseo; y al igualarlo, entrarás en coherencia con lo deseado.

Aquellos que saben elevar su frecuencia en concordancia con su deseo, acaban manifestándolo. Porque la emoción atrae las condiciones más favorables a ese deseo.

Actúa como si ya hubiera ocurrido lo que esperas. Sé que cuando nada ha sucedido aún, sentirse como si ya lo tuvieras requiere de mucha práctica. Pero debes tener fe. Recuerda tu verdadera identidad y el poder creativo de la inteligencia que te asiste. Entra en el sentimiento de no tener dudas y conviértete anticipadamente en lo que sueñas. Y así, cuando sea parte de tu nueva identidad, nada podrá separarte de ello. Tu deseo ardiente será tu destino. Dalo por hecho y siente la dicha de tenerlo, vive con gratitud porque en verdad ya está en camino.

Yo suelo negar las *evidencias*. Aunque mis sentidos no lo vean aún, los desacredito; aunque mis ojos no lo vean, ni mis oídos lo escuchen, ni mi cuerpo lo toque... mi alma ya lo abraza. Imagino que mis sentidos me están engañando en medio de un espejismo. Desmiento la *realidad* para subirme al deseo ardiente hasta que se hace real.

Entre tanto, vigilo las emociones dominantes en mi día a día. Las emociones nos están indicando cuál es la próxima realidad. Es tan sencillo como esto: si me siento mal estoy creando experiencias indeseadas, si me siento bien estoy creando experiencias deseadas. Las emociones de hoy son el pronóstico de los acontecimientos de mañana.

Lector, pregúntate: «¿Cuál es la emoción del resultado deseado?». Es todo lo que tienes que tener presente desde este momento hasta ver cumplido tu ideal. Condiciona tu agenda presente al logro, así le harás espacio para que se acomode en tu vida.

La emoción enfocada es el placebo del éxito.

Empieza con esto: trata de imaginar cómo te sentirías tras conseguir tu ideal, y después mantén esa emoción hasta que lo consigas. Anticipa y mantén el sentimiento hasta que ocurra. Sé tenaz e inamovible en tu convicción. Sé flexible en los medios y en el cuándo. Esta es la ciencia de los milagros.

 La emoción es la gasolina de la intención.

EL PODER DE LA CONVICCIÓN

El tercer poder espiritual es la convicción.

Se ha dicho antes: «Tanto si crees que puedes, como si crees que no puedes, estás en lo cierto». No necesariamente es lo que quieres, sino de lo que estás convencido lo que ha de suceder. Este es el poder de la convicción.

He repetido de muchas maneras que el cambio en el mundo llegará de un cambio previo en nuestro nivel de conciencia. No podemos cambiar el mundo, pero sí podemos cambiarnos a nosotros.

Un paradigma es la forma de ver un aspecto de la vida. Es, en el fondo, una convicción. Cuando cambiamos nuestras convicciones o paradigmas, pasamos a otro nivel. Ahora, ¿cómo encontrar paradigmas más productivos? Con pensamientos e ideas disruptivas. Si te has atascado, busca nuevas perspectivas, nuevas ideas, tanto más raras para ti, más grande será el cambio que buscas. Si cuestionas y modificas tus convicciones, has de revolucionar tus resultados.

No seas tibio en buscar nuevos puntos de vista, sé radical. Pregúntate primero: «¿Quiero cambiar o lo que busco es que cambie el mundo y seguir siendo el de siempre?». Nada me queda más claro que para conseguir resultados radicalmente distintos, deberé ser radicalmente *diferente*. ¿Quién ser? Una pista: el yo ideal se parece mucho a los resultados ideales. Tenemos la vida según nos atrevemos a ser. Y sucede aquello en lo que tenemos convicción.

Yo no me convertí en escritor cuando publiqué en una editorial, cuando me pagaron o cuando muchos me leyeron... Todo eso sucedió sin que yo me considerase autor. Hasta el día en que declaré en voz alta: «Soy escritor», cuando un funcionario me preguntó mi profesión. En ese momento, prendí mi convicción, el funcionario elevo sus ojos para mirarme, descubrí que por fin me sentía como tal.

Lancé un decreto con convicción y cambió por completo mi autoconcepto profesional. No empecé a tener éxito hasta que empecé a considerarme lo que soñaba ser. Y cuanto mayor fue esta convicción, menor resultó el tiempo que necesité para lograr un éxito mayor.

Podría haber sido escritor aún sin editorial, sin ingresos y sin lectores pero yo nunca me regalé esa convicción, y tuve que esperar a considerarme autor. Tú puedes ser lo que quieras ser ahora mismo, si eres fiel a tu convicción al margen de los resultados. Presionar los resultados podría malograrlos. No te preocupes, la vida se adaptará a ti.

¿Cómo sabrás que ya eres lo que deseas ser? Porque te comportarás como tal, sin que te preocupe no contar con la confirmación de la realidad. Pues te habrás fundido con tu deseo y nada podrá negarlo.

La imaginación es el poder de vislumbrar que somos lo que queríamos ser. Eleva tu imaginación al nivel de la profecía auto-cumplida.

Lo que ha sucedido hasta la fecha es que tu imaginación no estaba apuntando a lo que deseabas, sino a lo que no deseabas. ¿Puedes entenderlo? Tu imaginación descontrolada te ha apartado de tus metas.

Una imaginación controlada, focalizada, es un una herramienta poderosa. Usa tu imaginación hasta que empape por completo la más mínima molécula de tu experiencia. Cada imagen que construyas mentalmente considérala una inversión al fin que persigues. Cuando imaginas, inviertes en tu futuro deseado. Y los grandes inversores son los ganadores.

Los hechos han de rendirse forzosamente a tu voluntad si dedicas tus jornadas a la:

1. Intención emocionada.
2. Imaginación controlada.
3. Inmersión anticipada.

¿Cuánto tiempo? el necesario hasta hacerlo real. Te propongo dejar de medir el progreso o el retroceso, pues no puedes comprender los ajustes necesarios.

 La imaginación es una proyección para crear nuestro ideal de vida.

26

EL PODER DE LA RENDICIÓN

El cuarto poder espiritual es la rendición.

La paz es un subproducto de confiar en la sabiduría esencial. La rendición, lejos de claudicar, consiste en dejarse guiar dulcemente, no de forma pasiva, sino mezclando la acción personal con las oportunidades que fluyen naturalmente.

He pasado la mayor parte de mi vida creyendo saber lo que más me convenía. Y cuántas veces me desengañé. Hoy día he entregado el control de mi destino. Reconozco abiertamente que no tengo la menor idea de lo que más me conviene, así que me he rendido al poder de la aceptación para guiar mis pasos. Como no puedo saber todo, confío en descubrir lo necesario cuando sea el momento.

La prueba de que estás avanzando en el desarrollo personal es que te abandona la ansiedad, te invaden la alegría y la paz interior. Como botón de muestra, he introducido en mi filosofía de vida conceptos como:

- La práctica de la aceptación.
- La rendición a la perfección.
- Fluir con la vida.
- Entregar mis pasos al Amor.
- Ser receptivo a cada momento.
- Independencia interior.
- Ceder desde la valentía.
- Aceptación sin resignación.
- Dignidad espiritual.
- Paciencia infinita.
- Felicidad sin causa aparente.

Este último concepto es interesante. Mantenerse independiente interiormente de los hechos, buenos o malos, es librarse de la aversión o del apego. Esa actitud nos devuelve el centro de gravedad. Por ejemplo, cuando se quiere a una persona desde el apego y la desesperación, esa falta de independencia interior es precisamente lo que la otra persona percibe; y en consecuencia, no se muestra receptiva. Cuando por fin nos rendimos a las negativas y decidimos seguir adelante, la otra persona activa su receptividad. En pocas palabras, cuando no hacemos caso es cuando empiezan a hacernos caso. Para abrazar primero deberás soltar.

Trato de eliminar los apegos y las aversiones, que son las dos fuentes de sufrimiento como afirman los budistas. Las exigencias (lo que necesitamos y lo que tememos) son a menudo el mayor obstáculo para llegar a donde más nos conviene. En cuanto nos liberamos de esas reacciones básicas y primitivas, hacemos espacio a la inspiración y la intuición.

He optado por abandonar mi vieja actitud controladora. Me dejo sorprender en el momento y en la forma. No intento discutir qué es lo mejor para mí, ni en qué momento ha de suceder. Dejo que la sabiduría espiritual se despliegue ante mí. Permito que mi Yo Soy haga el resto. La vida sabe más que yo para completar el plan.

La sabiduría espiritual es accesible a cualquiera que entregue su ignorancia esencial para que sea transmutada por la alquimia del corazón.

Y mientras tanto, haz tu parte, vive cada día con agradecimiento dando lo mejor de ti, haciendo tu parte lo mejor que puedas. Sea lo que sea lo que ocurre en tu vida, o donde estés ahora, es lo adecuado.

Valora lo que es, aún con sus supuestas carencias, porque pronto pasará. En el futuro, recordarás este día con cariño. «¡Qué tiempos tan buenos!», dirás. Entrega el momento a un plan mejor. La vida sabe muy bien qué está haciendo a cada momento.

 Agradece por anticipado realidades inmanifiestas o invisibles.

27

EL PODER DE LA ORACIÓN

El quinto poder espiritual es la oración.

Hay muchas formas de orar. Se puede pedir, se puede exigir, se puede suplicar... Y también se puede entregar, se puede agradecer, se puede aceptar... Pero nunca será la repetición de palabras de forma mecánica carentes de sentimiento. No se trata de repetir ciertas palabras en cierto orden y de memoria. Orar es la apertura de corazón que nos conecta con nuestra verdadera naturaleza esencial.

Al no comprender la oración, ésta ha dejado de funcionar: y por tanto de ser útil. Es preciso comprender la verdadera naturaleza de la oración para que funcione. Es hora de recuperarla para nuestra moderna cultura occidental tal como estuvo presente en tantas culturas anteriores.

La oración, tal como nos la enseñaron, creo que implica separación. Alguien le pide a su Dios, que atienda a una súplica y conceda un favor. Me temo que la mayoría de las religiones han *hackeado* el verdadero sentido de la oración.

La oración es unión y no separación. Como la separación no existe en la realidad, ¿cómo sería posible pedir algo y recibirlo? Si compartes mi paradigma de que todos formamos parte de la divinidad, entonces una petición y una concesión provienen de ti mismo.

La idea de que alguien resuelva nuestros problemas es infantilismo. Me seduce más la idea de reclamar inspiración para resolver por mí mismo los problemas que yo mismo he creado, sabiéndolo o no. No me gustan los intermediarios.

En mi cosmovisión espiritual, la conciencia es la verdadera oración. Todo nivel de pensamiento tiene su propia frecuencia vibratoria: el campo de atracción. Orar es un evento cuántico que nos conecta al campo de todas las posibilidades para manifestar una. Orar es convertirse en el observador cuántico que convierte probabilidades en realidades (función onda en función partícula). La oración no son palabras, sino la convicción que determina el mundo de las cosas.

El sentimiento es la oración. Entonces la emoción de la verdadera oración no es de necesidad, ni de carencia, sino de presencia y convicción de que lo reclamado ya ha sido auto concedido.

Orar desde la gratitud es mucho más productivo que hacerlo desde la necesidad. ¿Agradecido por qué? Gratitud por saber que lo reclamado, salvo imposibles e intromisiones en asuntos ajenos, debe suceder por ley. Este es el modo de orar olvidado y perdido que cambia a quien ora (precisamente lo único que debe cambiar).

Agradece y dalo por hecho. Siente que se hace real a su manera y en su debido momento. No pidas nada a nadie. Eso significa separación, es ego. Y el ego no es real, no puede influir en el campo cuántico de todas las posibilidades.

Agradece por anticipado. Cuando entiendas el modo perdido y olvidado de orar, tu forma de orar será muy distinta. Y lo mejor de todo, ya no orarás una vez al día, ni necesitarás orar en un templo... estarás en un continuo estado de oración, y el mundo será tu templo.

Sí lector, tú eres la oración. Y si te entregas al estado de la gratitud, fluirás en cada detalle de tu vida mientras el campo de todas las posibilidades —que está a tus órdenes— se adaptará a tu nueva frecuencia vibracional.

La emoción de la convicción es el tono de la oración.

28

EL PODER DE LA DISCIPLINA

El sexto poder espiritual es la disciplina.

Es hora de activar el super poder que te lo dará todo. Se llama autodisciplina. Y no, no es la inteligencia, ni la genialidad, ni el talento, ni el conocimiento. Es mucho más simple, tiene que ver con la autoestima: quien se quiere se concede lo que desea. Solo alguien que se detesta podría negarse sus propios deseos.

Lo pongo fácil para asegurarme de que nadie se excuse con el desgastado: «Yo no nací con eso», «No tengo fuerza de voluntad», «Ojalá supiera cómo o pudiera»... El éxito es mucho más sencillo que todo eso, basta con sudar cada día. ¿Sabes sudar? Entonces con eso bastará.

El éxito depende básicamente de tener autodisciplina, lo cual no es nada más que amarse a uno mismo y amar lo que se hace, y por esa razón no es un sacrificio ni un esfuerzo. No puedes dejar de hacerlo.

La disciplina no es sinónimo de obligación. No tiene que ver con cumplir una imposición externa, es coherencia interna. Sí, es ser coherente con lo que se ama. Es un acto de Amor en acción, nada de teoría. La coherencia es la gasolina que hace que te impliques al cien por cien en lo que haces, simplemente porque no puedes no hacerlo. De lo contrario, sería una traición.

Para mí, leer y escribir es mi disciplina, no porque me lo imponga sino porque es lo que más deseo hacer. De modo que no puedo ni quiero dejar de hacerlo. Por lo que ser disciplinado, en lo que amo, no es una obligación, sino que es una devoción.

Las personas no saben lo que se pierden cuando vive sin disciplina. La disciplina es la buena suerte que proporciona las cosas buenas. No hay nada más productivo que el trabajo lento y persistente.

La autodisciplina son muchas pequeñas tareas que se repiten a lo largo del tiempo. No es un gran esfuerzo puntual, no es algo que te agote mentalmente, todo lo contrario, renueva tu energía. Te nutre. Cada día un poco. Al final esos pequeños esfuerzos suman mucho; las tareas repetidas en el tiempo crean grandes resultados a largo plazo.

Un poco cada día, al cabo de meses, de años, te ofrece muchísimo, te hace imparable. Ya has probado la disciplina obligada y no te gustó, ahora te propongo la disciplina por devoción. Son dos tipos de disciplina diferentes, una viene de afuera y la otra de adentro.

Para mí, autodisciplina es igual a autoestima.

Creo que la cualidad del sabio espiritual es la paciencia y el defecto del ignorante espiritual es la impaciencia. Los asuntos avanzan rápido cuando les entregamos el tiempo necesario y se retrasan cuando les exigimos rapidez.

Yo era un impaciente de manual hasta que tuve la suerte de que la vida situara una montaña infranqueable en frente. Entonces aprendí a tener paciencia infinita. Tú también encontrarás una muralla maestra.

Creo que una persona con autoestima elevada y que se respeta, se da lo mejor que puede, no regatea consigo misma. La autodisciplina es una declaración de amor en la práctica. Por la misma razón, una persona indisciplinada es alguien que no se ama a sí misma porque se niega lo que quiere.

El camino de la disciplina es el camino del corazón. La disciplina es un vehículo, el modo que tienes de demostrarte amor propio. Es como un cohete que te lleva a todas partes. Si la gente supiera esto, dejaría de procrastinar y pasarían a la acción decidida. Dejarían de quejarse de no ser suficientemente voluntariosos.

Ahora ya sabes que no necesitas ser más inteligente, ni tener más suerte, ni conseguir más ayuda, ni tener más voluntad... Lo único que necesitas es enfocar tu vida en lo que amas y el resto se dará por sí solo. Ahora necesitas aprender a decir «no» a lo que no amas y decir «sí» a lo que amas y conseguirás más de la vida.

Si perseveras, todo saldrá bien. No porque siempre consigas lo que deseas, sino porque al no abandonar tus principios esenciales, te habrás comprometido con la verdad, no tus autoengaños.

 Si te quieres, te lo das. Y si te odias, te lo niegas.

29

EL PODER DE LA LECTURA INSPIRADA

El séptimo poder espiritual es la lectura inspirada.

El espíritu requiere ser «nutrido» con la atención de la mente, no porque necesite nada, más bien porque tu yo inferior lo necesita. En este sentido, una mente que lee un libro inspirado se eleva.

Si comes y bebes cada día, la pregunta es ¿cómo no alimentas tu espíritu con sabiduría? Es fácil distraerse en los asuntos mundanos y desenfocarse de lo que es esencial. Un tiempo de lectura diaria es una especie de gimnasio espiritual que mantiene tu tono interior. Si eres disciplinado, y lo haces cada día, es difícil olvidar tu verdadera identidad.

Dispón de una estantería con tus mejores lecturas, tu *estantería sagrada*, es mejor que un botiquín o una despensa. Es alimento para el alma. Cuando te sientas deprimido, toma un libro y lee una par de páginas, ten por seguro que te conectarás con el corazón. Mano de santo, remedio universal.

Tu «estantería sagrada» de *libros inspirados* es tu analgésico.

Recordar verdades universales e intemporales será suficiente, pues te anclará a una percepción menos densa y conflictiva. Pero si no tienes la disciplina de recordarlo, como mínimo una vez al día, te habrás perdido. Al cabo de unos meses, serás una persona superficial, desconectada, apegada a lo mundano para compensar el vacío existencial.

El hábito consiste en leer libros inspiradores cada día para recordar quién eres y conectarte con la espiritualidad. De otra forma, el olvido es seguro. He visto en muchas personas que empezaron con una gran motivación, pero poco a poco, se dejaron absorber por asuntos mundanos, y perdían esa chispa en la mirada. Sus auras se volvieron grises.

Cuando te levantas por la mañana es un buen momento para conectar con tu espíritu. Mientras te duchas, puedes formular *afirmaciones*, algunos incluso pronunciamos *mantras*. Es un momento ideal para agradecer la larga lista, por la que deberías sentir gratitud. Es un momento perfecto para dejar de pensar en las cosas que vas a hacer durante la jornada que empieza —eso ya vendrá—, un momento para recordar tu identidad y propósito en esta aventura espiritual.

Si lo tienes presente al menos una vez al día, no lo olvidarás. De esa manera, te será más sencillo reconectarte durante tu jornada.

Un autor infalible para este cometido es Thich Nhat Hanh. Sus libros encierran la sencillez y profundidad a la vez. Hay infinidad de buenos libros, de diferentes autores, que cambian vidas (te aseguro que literalmente lo hacen). Leer es reprogramar tu mente. Te ayuda a mantener despierta la divinidad que reside en ti ; y que, aunque no puede apagarse, podría dejar de brillar.

Encontrarás autores, temas y niveles para todos los gustos. No hay unos libros adecuados para empezar ni un orden correcto o incorrecto, mejor fluye y disfruta, una cosa te llevará a otra (un libro conduce a otro libro), verás como se despliega ante ti un camino hecho a tu medida. El libro que lees ahora mismo es parte de ese camino, cada página leída aviva el fuego de tus anteriores lecturas y echa leña sobre brasas para tus próximas lecturas.

 Un libro con alma es como una puerta a una nueva dimensión; pero si no lo lees, no podrá ayudarte a conocerla.

30

SOY CONSCIENCIA PURA

Somos consciencia pura, en medio de una experiencia material que creamos nosotros mismos, en la que estamos jugando al escondite con el ego para descubrir quién somos.

La metáfora que lo ilustra es un laberinto de espejos. La pregunta: «¿Cuál de las imágenes soy?» tiene su trampa. Elegir una es descartar otra. Mejor sería afirmar: «¡Cuántas identidades no soy!».

El resto se encargará de sí mismo.

Todos esos reflejos proyectados carecen de la luz del emisor. Somos la consciencia que está detrás de las mil caras del ego imaginando cómo sería vivir desde la separación y la individualidad.

¿Cómo saber quién soy? Por eliminación, descartando lo que no eres. Si decides desmontar las pequeñas mentiras, acabarás con una gran verdad.

Podrías empezar con el ejercicio de repetirte lo que no eres: «No soy mi edad. No soy mi estado civil. No soy mi nombre. No soy mi cuerpo. No soy mis creencias políticas. No soy mis historias. No soy lo que sé. No soy mi profesión, etcétera».

¿Recuerdas el juego del escondite? Hagamos un símil con eso. La consciencia, que juega al escondite, por pura diversión, en el mundo de las cosas, eligió esconderse... ¿Dónde? En todas partes para que fuera más sencillo encontrarse.

Nos miramos en un espejo sin reconocernos y entramos en el mundo de las cosas a través de él; pero en este mundo tangible no hemos encontrado nada real y perdurable. Es un mundo de proyecciones.

Un juego tiene que ser divertido, y desde luego, este es apasionante. Es un juego sin reglas, sin perdedores, solo puedes ganar (reconocerte) sin nada que perder. La única regla es que no hay reglas ya que es un juego con un final seguro: despertar y reconocer el Yo Soy. Y si te preguntas cómo jugarlo mejor o terminarlo antes, ya estás violando la única regla de las no-reglas, porque temes un imposible resultado desfavorable.

En el juego, no hay que hacer nada salvo jugar, por más que el ego trate de resolver todo. Lo único que debes hacer es pasar del hacer al ser. Tu remedio es no buscar remedios. Entrégate al ser puro que no necesita autodefinirse de ninguna manera (yo soy esto, yo soy aquello).

El juego y el jugador eres tú, también el premio, porque eres todo cuanto existe y cuanto podrás encontrar: consciencia fantaseando a las diferentes identidades separadas. El juego es contigo mismo, pues no hay oponentes ni contrarios, nadie a quién ganar.

Tú eres el infinito y la eternidad jugando a la limitación y el tiempo.

Ahora te toca experimentarlo. No te conformes con entenderlo. Cuando seas capaz de desidentificarte con lo que no eres, al final llegarás a dos palabras:

 Yo Soy (y con eso basta).

31

SOY TAL COMO FUI CREADO

Eres tal como fuiste creado por tus creadores y lo sigues siendo. Y así será, pienses lo que pienses, ocurra lo que ocurra y experimentes lo que experimentes. Eres exactamente tal como fuiste creado. Así que las cosas que te ocurran, ya sean buenas o malas, en realidad no pueden cambiarte. No añaden o quitan nada a lo que ya eres desde el tiempos sin principio.

Si sabes que fuiste perfectamente creado, entonces todas las ideas de carencia deben ser inventadas. O tal vez son un sueño-pesadilla del que aún no has despertado. Esta idea de *Un Curso de Milagros* (*UCDM*): «Soy tal como fui creado», acaba con toda posibilidad de ser inadecuado, insuficiente o incompleto.

Al Ser creado añadiste un ser inventado. De modo que nos dividimos entre dos identidades: una el Yo Soy real, completa, perfecta, a la que nada le falta y que no tiene que mejorar en nada. Y la otra, la identidad falsa o ego, imperfecta, de nuestra propia creación, muy mejorable. En efecto, tratamos de mejorar nuestra invención sin mucho éxito. Pero, ¿no será que no hay nada que mejorar?

Una percepción del yo te lleva al conflicto y la otra a la paz. En una experimentas la carencia y en la otra, la compleción. La elección es tuya, pero todas las elecciones llevan un precio adherido. Si vas a identificarte con algo, hazlo con esa parte de ti que no necesita reparación.

La idea que se discute aquí no es gratuita, tiene un precio a pagar y es tan barato como dejar de un lado tanto lo malo como lo bueno con lo que te identificas. En pocas palabras, no eres ni tus fracasos ni tus logros. Doy por hecho que te agradará la idea de librarte de los atributos negativos que tú mismo te has adjudicado, pero recuerda deshacerte de los buenos también.

Quien somos no necesita mejorarse. Lo que las religiones llaman el alma (los laicos el espíritu, los hindúes el *atman...*) es tan perfecta como fue creada y no necesita arreglo. Y lo concebido por los creadores resultó ser perfecto. Lo perfecto es completo, inalterable, eterno. No tiene que mejorar, no tiene que cambiar, no tiene que perfeccionarse.

Cuando sabes quién eres en verdad, dejas de tratar de cambiar la ilusión de quién creíste ser. Comienzas a adherirte a quién eres y dejas de sufrir. Esto es lo que dice *Un Curso de Milagros* (*UCDM*): es inútil tratar de cambiar lo inexistente. Tratar de mejorar lo que es irreal es igualmente imposible.

En la práctica, eliminas tus adjetivos de identidad en lugar de añadirlos. Por ejemplo, no eres: una profesión, una edad, un cuerpo, unas creencias, un estado civil, etcétera. Cuando vas desprendiendo capas identitarias, lo que queda es la innombrable perfección que no carece de nada.

Recuerda cada día tu cualidad para no olvidarla durante tu jornada, celebra tu cualidad: completo, eterno, perfecto. Y respira la paz que se deriva de ello. Ese es el final del sufrimiento y de la búsqueda externa que tanto ansiamos.

Si aplicas a los demás esta filosofía, lo que veas en ti, también serás capaz de verlo en los demás, aún como potencial. Sabrás que tus semejantes, a pesar de su ego-personalidad, albergan la misma semilla de perfección a la espera de ser autorevelada.

Entiendes que dentro de ellos hay un Yo Soy, perfecto, completo, que no tiene que mejorar. Solo necesita ser descubierto. Entonces dejarás de tratar de cambiar a los demás. No hay nada malo en la humanidad tan solo es que necesita despertar.

 Soy tal como fui creado, siempre lo he sido y siempre lo seré.

32

CONECTO CON EL YO SUPERIOR

Nuestro yo inferior, o ego parlanchín, está tan al mando de nuestra mente dividida que apenas consideramos la alternativa de la voz del Yo Superior. Muchas personas han renunciado a conocerse, conectar con su esencia y guiarse por su intuición divina. Es una lástima que la falta de educación espiritual lleve a las personas a descartar su dimensión más sagrada.

Hemos renunciado a nuestro poder natural debido a la programación mental negativa que han ejercido sobre la humanidad, de forma sistemática, las élites controladoras, las cuales han desposeído a la humanidad de su poder para poder esclavizarla. Una vez nuestro ADN espiritual fue *hackeado*, nos convertimos en mansos corderos fácilmente manipulables.

Pero volvamos a lo que nos ocupa: ¿Cómo conectar con la voz de la intuición divina?

Conozco un procedimiento infalible de cinco palabras: «Pide y se te dará». Y la forma de llevar esa procedimiento a la práctica es preguntando. Sí, preguntando. El procedimiento se resume en una única palabra en la práctica: «pregunta». No hay más secreto ni nada más que hacer salvo preguntar. Pregunta a tu Yo Superior y pide orientación. No necesitas hacer ningún curso, ritual o práctica espiritual para conseguirlo, salvo preguntar (pedir). Preguntar es el modo más rápido, sencillo, fácil y seguro para saber lo que necesitas saber.

Hasta la fecha has preguntado a libros, a maestros, a gurús, a amigos y a desconocidos, a las cartas, a los astrólogos, a consultores... Es hora de cambiar la dirección de tus preguntas de afuera hacia adentro. Pregunta dónde están las respuestas, no donde no están. ¿Quién puede saber más sobre ti mismo que la divinidad que eres desde tiempo sin principio?

Simplemente formula preguntas. No olvides que en tu vida obtuviste lo que pediste. Pide inspiración, respuestas, guía... Si no pides, tu Yo Superior no te molestará y se mantendrá al margen por respeto. Para empezar la relación, pregunta sobre asuntos irrelevantes, cosas del día a día, recuerda que te estás iniciando en el arte de preguntar (pedir) y las preguntas sin apego emocional son las más sencillas de gestionar. Pregunta diez, veinte, treinta veces durante tu jornada... Tu Yo Superior no se molestará, por el contrario, estará a tu disposición.

Pasadas unas semanas de preguntas y más preguntas irrelevantes, atrévete con preguntas más relevantes, en las que tienes mayor implicación e interés, temas más personales. Y sigue formulando decenas de preguntas al día (pedir, pedir, pedir) para establecer el hábito firme (los hábitos se hacen costumbres con la repetición). Recuerda que la inspiración divina que quieres es como ir en bicicleta: ¡cuando dejas de pedalear (pedir) te caes!

Como a tu ego no le gustará quedarse al margen, ni perder influencia en ti, tratará de inmiscuirse ofreciendo sus propias respuestas, precisamente las que menos necesitas escuchar. Para diferenciar entre la voz del ego y la voz del Yo Superior, tendrás que valorar el tono emocional de la respuesta. Si se siente amorosa es tu Yo quien habla, si se siente temerosa es tu ego quien habla. Y después de preguntar espera, con apertura, intuiciones, visiones, voces, señales, sincronicidades... la forma no importa, el mensaje es todo. Y cuando obtengas sensaciones y respuestas, agradece.

Pero no te engañes, el hito más importante que deberás alcanzar para comunicarte con tu Yo Superior es disolver la idea de que tú eres una individualidad, tu Yo Superior es una individualidad y la divinidad es una individualidad. Empieza a contemplar la espiritualidad como una dimensión impersonal. Y en consecuencia, descarta la separación como posibilidad.

Y algo más, ten siempre presente que no apelas al conocimiento superior para conseguir algún objetivo mundano; pues de ser así, estarías instalándote en tu ego. Y desde la falsedad no podrás encontrar la verdad. El Yo real no responde al yo irreal porque no puede oírle.

 El Yo Soy de tu interior es la divinidad.

33

LA PAZ EN EL YO SOY

La paz mental no existe. Es un oxímoron (expresión que significa unir dos palabras de sentido opuesto que conducen al absurdo). En efecto, paz y mente son opuestos porque una significa quietud y la otra inquietud. La mente no puede permanecer en quietud de forma duradera porque esa no es naturaleza. Punto.

Puedes intentar relajarte y acallarla por unos instantes.

Puedes intentar meditar profundamente.

Puedes incluso quedarte dormido para abstraerte de tu mundo.

Pero cuando regresas a tu vida, la paz desaparece de nuevo. Son apenas intentos pasajeros para silenciar el incesante vocerío de los pensamientos encadenados sin fin. Creo que se puede calmar la mente, pero no apaciguarla de forma duradera. La mente es inquieta por naturaleza, por lo que no puede mantenerse en una paz duradera.

Y aquí viene el problema: la causa de que las personas no hallen la paz que buscan se debe a que lo hacen en el lugar inadecuado. En efecto, no es en la mente donde debemos buscar, sino en la esencia del Yo Soy.

Aclaremos esto. La naturaleza de la mente es la agitación. La esencia del Ser es la paz. ¿Entiendes dónde está el error?

Busca en tu interior esencial y hallarás la paz. La paz verdadera no puede ser perturbada por nada, o dejaría de serlo. Deja de buscar lo que no tienes y empezarás a encontrar lo que eres. Estas palabras son un mapa hacia la paz verdadera.

Buscar lo que uno ya es no tiene sentido, ¿cómo vas a encontrar lo que nunca se perdió? La «búsqueda espiritual» resulta muy frustrante: te anima a encontrar algo de lo que supuestamente careces. Y aún peor, inventa un nuevo personaje: el «buscador». Es otro juego-trampa del «ego espiritual» que te conduce a buscar, pero no a encontrar. Y mientras te ocupas en una tarea imposible, el ego sigue al mando en tus asuntos mundanos. ¿Ves la trampa?

«Cuando esté iluminado, seré feliz», «Cuando halle la paz, todo estará bien»... ¿Te suena? Claro, el ego ha cambiado: la casa, el coche, la pareja y el dinero por conceptos místicos, pero sigue con la estrategia del palo y la zanahoria. El ego *se ha vuelto espiritual* pero sigue fastidiándote la vida. Es más de lo mismo.

La búsqueda que propone es una escapatoria del sufrimiento, una huida, pero no una búsqueda real. No quiere conseguir nada en realidad, está tratando de deshacerse del dolor. Y cuanto más busca, más duele. El buscador y lo buscado son lo mismo. Esa es la trampa.

Seamos claros, si ahora no tienes paz será porque estás desconectado de tu Yo real. No hay nada que buscar ni encontrar, sino reconocer o dejar de ignorar. La divinidad, y sus cualidades, está en todas partes y, por tanto, también en ti.

Hay un único camino, o tao, hacia la felicidad y es adherirnos a lo correcto, ser coherentes con los valores propios, no traicionarnos por una recompensa. Nunca te pierdas a ti y ganarás siempre.

¿Cómo identificar al Yo real? Cuestiona todo aquello que crees ser. Todas las etiquetas que parecen definirte no son nada más que trampas que te alejan de tu verdadera identidad. Una buena pregunta que formularte una y otra vez es: «¿Quién soy yo?». Date cuenta que el mero hecho de formularla presupone desconocimiento.

Parece una pregunta extraña: «¿Quién soy yo?» porque muy pocos lo saben. Empieza con la autoindagación y podrás desenmascarar los diferentes personajes que interpretas. Sigue preguntándote hasta que llegues a algún indicio interesante: el todo, la plenitud, el observador, la perfección, lo no nacido, lo inconcebible... No dejan de ser etiquetas pero destilan más verdad. Las preguntas sinceras atraen respuestas inspiradas. Y un detalle que quizás te resulte sorprendente: sabiduría significa no necesitar conocer todas las respuestas.

Ya dispones de un método sencillo de autoindagación. La disociación te permite apuntar al Yo real. Por si te sirve, yo mismo decidí dejar de buscar la paz allá fuera. Resolví *ser* yo la paz, no simplemente *tener* paz. Y así puedo compartirla allí adonde vaya. Como no se puede dar lo que no se tiene, y no se puede tener lo que no sé es, mi única opción fue convertirme en la paz anhelada.

 Yo soy la paz que busco en el mundo.

34

¿ERES UNA SEMILLA ESTELAR?

Se conoce por *semilla estelar* a las conciencias implantadas en el planeta Tierra por inteligencia extraterrena, con el fin de infiltrar almas de alta frecuencia y facilitar la ascensión vibracional de la especie. También son conocidos como los «Voluntarios» o seres de otras civilizaciones del cosmos que han elegido encarnar en el planeta Tierra voluntariamente para elevar la conciencia colectiva.

Te preguntarás ¿por qué haría falta algo así? Te recomiendo leer mi anterior libro: *Secretos Espirituales Revelados* donde explico la situación real de la raza humana en el planeta prisión Tierra. Deberías saber que nuestro (¿nuestro?) planeta esta controlado por la absoluta maldad desde hace milenios (y no puedes ni imaginar hasta qué punto). Y estamos en las batallas finales entre las fuerzas del bien y el mal por el control de nuestro destino. Debido a que otras civilizaciones benévolas no pueden intervenir directamente (actuar desde fuera), entonces su única opción para ayudarnos a liberarnos es la infiltración (el cambio desde dentro).

Las semillas estelares son como comandos de élite, listos para activarse (despertar) y trabajar desde el terreno para guiar e inspirar a las masas dormidas que son víctimas del control mental impuesto por la tiranía globalista del mal. Si todo esto te parece propio de una película de ciencia ficción, espera a conocer toda la verdad porque no vas a dar crédito. Nos han ocultado la historia real de la humanidad y solo te diré que la realidad supera en mucho cualquier cosa que puedas imaginar.

Algunas personas me confiesan una extraña sensación de no pertenencia al colectivo humano. Sienten que son extraños en una sociedad que no les cuadra con sus valores. A la vez, sienten añoranza de un hogar verdadero, desconocido, pero que desde luego no identifican con la Tierra (ni la civilización humana).

Cada vez son más los Voluntarios (semillas estelares o infiltrados) que son conscientes de su misión. Su recuerdo se activa con el despertar y reconocen su misión de apoyo a la ascensión planetaria a un nuevo nivel de conciencia que anula los actuales comportamientos violentos, egoístas y crueles inducidos por las razas controladoras dominantes.

Si te has sentido así alguna vez, y has mirado la noche estrellada con nostalgia, no te preocupes, no eres el único. Somos muchos. Tal vez provienes de una de esas estrellas, o de otra dimensión, o de otro universo paralelo inapreciable para los humanos. Si te has sentido como *un pulpo en un garaje*, esta podría ser la razón.

¿Nunca has entendido el mundo?

¿Lo ves todo al revés de cómo te muestran?

¿Te resulta inaceptable la nueva normalidad?

Si te sientes muy diferente a las personas que te rodean, no te alarmes, no eres un bicho raro, ni estás loco, es solo que tu alma trata de encajar en un contexto que le es extraño. Irás uniendo los puntos y verás que todo empieza a encajar. Unos Voluntarios tomarán parte activa y otros pasiva (pero su sola presencia en el planeta apoyará el gran cambio). Recuerda siempre que tu vida es para los demás.

A menudo, los Voluntarios: son sensitivos, inteligentes emocionalmente, buenos enseñando, tienen sentido de misión, se sienten incomprendidos, son solitarios y de pocos amigos, añoran volver al hogar, son sensibles a las noticias, son compasivos y son capaces de «leer» los hechos y anticiparse a los acontecimientos. Poseen sabiduría espiritual porque proceden de una especie más revolucionada.

En el momento más adecuado, se activará un llamado, un despertar. De pronto, los Voluntarios infiltrados sentirán que es su momento. Uno a uno irán despertando en su entorno y serán un faro de luz. Serán un punto de conocimiento de referencia a las almas dormidas. En algunos casos, podrían guiar a otros, enseñarles y dar apoyo de algún forma.

O tal vez simplemente estando presentes y despiertos en el planeta hacen su mayor aportación (elevan la conciencia grupal). Su misión es mantener su frecuencia vibratoria al nivel del Amor, lo que iniciará una reacción en cadena, porque pocas cosas son tan contagiosas como el Amor.

 Si sientes que hablo de ti, felicidades, ha llegado tu momento.

35

LA FELICIDAD SE HACE EN LA MENTE

«Cuando todo me vaya bien, seré feliz» o «Cuando sea feliz, me irá bien». ¿Qué fue primero? ¿El huevo o la gallina? Son dos filosofías de vida antagónicas. Yo me apunté a la primera y no me funcionó, hasta que descubrí la segunda. Tú también tienes que elegir uno de ambos paradigmas. Es una decisión importante porque definirá lo que obtendrás de la vida.

Hay muchos ejemplos, por ejemplo: «Cuando me sienta en bien y en forma ya le dedicaré tiempo al gimnasio». ¡No! Es al revés: para estar en forma deberás ejercitarte antes. O «Cuando disponga de dinero montaré un negocio». ¡No! Es al revés: para tener dinero antes deberás crear un negocio que te lo proporcioné. O «Cuando me traten mejor, seré más simpático». ¡No! Es al revés: para que la gente te aprecie, antes deberás tratarla amigablemente.

Hemos puesto el carro delante de los caballos, y así nos va. Es el mundo al revés.

La felicidad es una decisión. No importa demasiado la causa, si necesitas una, elige cualquiera. Sé feliz por nada tanto tiempo como sea preciso hasta que la vida llene tu vida de cosas por las que ser feliz. Si me preguntas a mí las razones porque soy feliz, te diré que ni lo sé ni me importa. No necesito causas, lo soy porque lo prefiero a no serlo. Punto.

Tú también puedes ser feliz ahora mismo por nada. Aunque si lo necesitas puedes inventarte un sinfín de razones de peso:

- Soy feliz porque me he comido una manzana.
- Soy feliz por el libro que leeré el domingo.
- Soy feliz porque oigo a un pájaro cantar.
- Soy feliz porque el sol me calienta.
- Soy feliz porque puedo respirar.
- Soy feliz porque me he bebido un vaso de agua.
- Etcétera.

Se trata de elegir la felicidad radical y sin contemplaciones. Créeme, no necesitas ninguna excusa para serlo. Si me haces caso, después, la vida que está siempre a la escucha, estará obligada a reaccionar en correspondencia porque es ley.

Hay estudios al respecto, con niños y con adultos, y se ha comprobado que las personas que simulaban un instante de felicidad (bastó que recordaran un momento feliz del pasado), eran más creativas, productivas, motivadas y exitosas.

Pruébalo, elige un momento de tu vida en el que te sentiste como en el cielo. Ahora mantén esa emoción intensa de felicidad por veinte segundos. Ya eres feliz y has activado el imán del éxito. Sucederán cosas buenas.

El momento de ser feliz es precisamente antes de tener éxito, no después.

Prueba a ser feliz por un día y después observa lo que sucede a continuación. Un día no es tanto tiempo, haz ese pequeño *esfuerzo* por ti. Si no ocurre nada que valga la pena, al menos tendrás el buen recuerdo de un día hermoso. Solo te pido un día, siempre estás a tiempo de amargarte la vida y volver a la miseria.

La felicidad proporciona éxito (y no al revés).

¡Nos han vuelto a engañar! (como en todo).

Resulta que es al revés de lo que nos contaron. Nos han mal enseñado a conseguir resultados para sentirnos felices. Pero no es necesario nada para ser feliz salvo tomar la decisión. La felicidad no es un estado de euforia insostenible o la ausencia de problemas... Es la ausencia de sufrimiento pase lo que pase. La felicidad emerge de forma natural cuando se eliminan las causas del sufrimiento.

Elige ser feliz, ahora, y sella tu contrato con una sonrisa. Inspírate en la portada de este libro.

Lo he mencionado muchas veces, a la gente le va mal porque ríe (y sonríe) poco... Si quieren ser felices tienen reír más. Las personas de éxito ríen a menudo, sonríen casi siempre, fíjate en ese detalle.

Ni siquiera hace falta sonreír con los labios, también se puede sonreír con la mirada. Una mirada cálida sonríe a otros para contagiarles la paz y la felicidad. Una mirada luminosa enciende a otra mirada. Una de las cosas que más me alegran es sonreír con la mirada, eso me ha abierto los corazones de las personas.

Llegamos al final de este libro. No te apures, vendrán muchos más.

Este trabajo es casi un curso de felicidad, para capacitarse en el arte de dejar de sufrir innecesariamente. Espero haberte ayudado. Si te aplicas lo leído, tu índice de sabiduría espiritual se habrá elevado; y con él, tu felicidad.

 **Si le sonríes a la vida, la vida te devuelve la sonrisa.**

CONOCE AL AUTOR

Webs del autor:

www.elcodigodeldinero.com
www.raimonsamso.com
www.institutodeexpertos.com
www.tiendasamso.com
http://raimonsamso.info
https://payhip.com/raimonsamso
https://shop.authors-direct.com/collections/raimon-samso-audiolibros-store
https://linktr.ee/raimonsamso

Síguele en:

Grupo Telegram https://t.me/sabiduriafinanciera

instagram.com/raimonsamso
youtube.com/Raimonsamso
pinterest.com/raimonsamso

VIDEOCURSO ONLINE

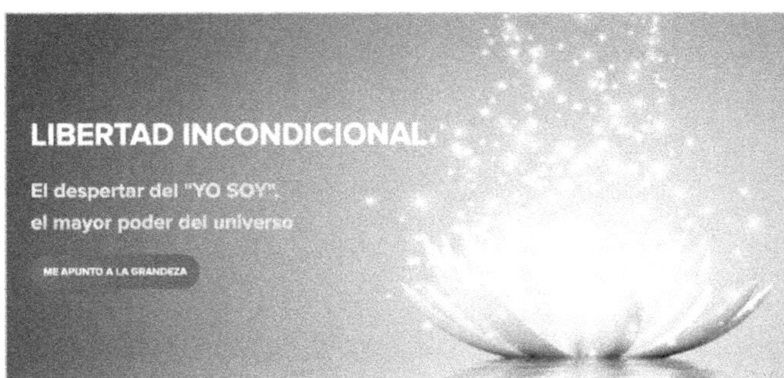

1. Trascenderás la emociones negativas, el sufrimiento y la ansiedad.
2. Te liberarás de pensamientos limitantes que ahora son adictivos, libre de la culpa y el temor.
3. Controlarás tu estado de ánimo, tus reacciones y tu vida.

https://raimonsamso.info/p/libertad-incondicional

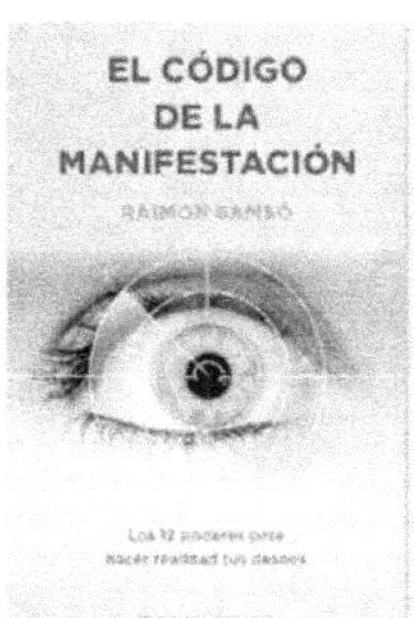

www.raimonsamso.com

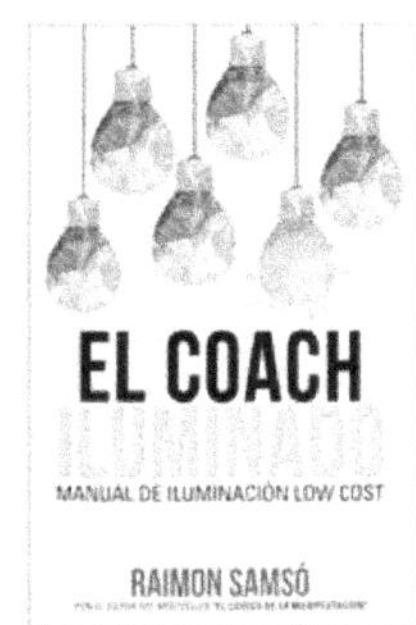

www.raimonsamso.com

SECRETOS ESPIRITUALES REVELADOS

EDICIONES INSTITUTO EXPERTOS

RAIMON SAMSÓ

EL COACH ILUMINADO

MANUAL DE ILUMINACIÓN LOW COST

RAIMON SAMSÓ

POR EL AUTOR DEL BESTSELLER "EL CÓDIGO DE LA MANIFESTACIÓN"

EL CÓDIGO DE LA MANIFESTACIÓN

RAIMON SAMSÓ

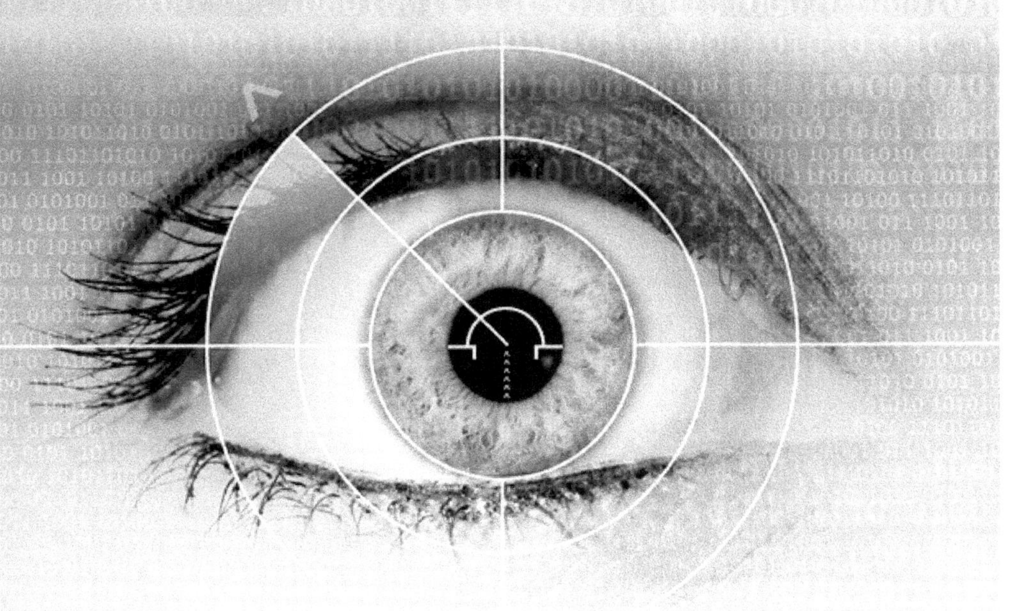

Los 12 poderes para
hacer realidad tus deseos

EDICIONES OBELISCO

TE PIDO UN FAVOR

Quisiera pedirte un favor, para que este libro llegue a más personas, y es que lo valores con tu opinión sincera en la plataforma donde lo hayas comprado.

He de delegar en los lectores el marketing del libro porque en este mismo momento ya estoy deseoso de empezar a escribir un nuevo libro para ti.

Bendiciones.

Printed in the USA
CPSIA information can be obtained
at www.ICGtesting.com
CBHW051525200724
11902CB00034B/615

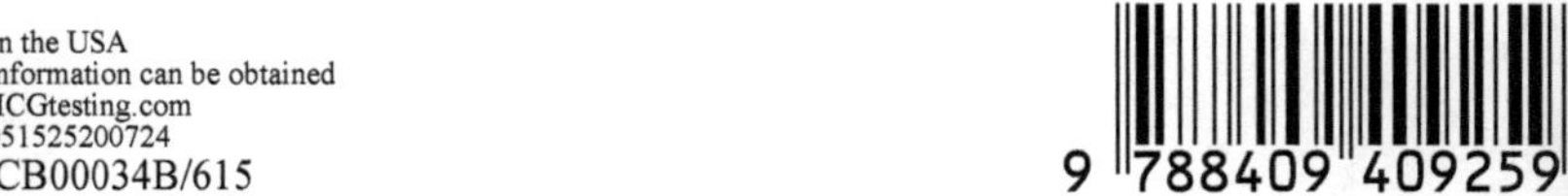